我は、おばさん

岡田育

集英社

はじめに

　よき娘であるように、と教え諭されて我々は育った。男たちに負けず勉学に勤《いそ》しみ、家庭では大人たちを助けよ。どこへ出しても恥ずかしくない、よき姉であれ、よき妹であれ。花の命を恋と生き、時代に抱かれて夢を孕《はら》み、しかし、どんな朝も少しだけ早く眠りから目醒めよ。己が女であることを、ゆめゆめ忘れてはならない。いずれ来るべき日には、よき妻となれるように、よき母となれるように、よき祖母となれるように。私たち女の子の周囲には、つねにそんな言葉があふれていた。

　ところが「おばさん」になる方法については、誰も教えてくれなかった。短いようで案外長い女の一生のうち、最も長く呼び掛けられるその称号について、見聞きし、読み解き、考える機会は、極めて限られていた。奪われていた、とさえ言えるのかもしれない。

　おばさんという言葉の意味は「中年の女性」である。明確な年齢制限があるわけではない。きょうだいのところに甥や姪が生まれたら、女は何歳でも「伯母さん」「叔母さん」と呼ばれる。つまり、おばさんか否かを決めるのは年齢ではなく、下世代の有無だと言える。街中で見知らぬ人から「小母《おば》さん」と呼ばれる場合もある。こちらについては、呼んだ人にとって母でも妻でも娘でもなく、少女にも老婆にも見えない、「よその女性」「その他の女性」といったニュアンスだ。

　女が中年にさしかかると、ほぼ自動的におばさんと呼ばれるようになる。けれども、長く生きた女が皆それだけでおばさんになれるわけでもない。そのあたりが難しい。たとえば、私のことをおばさんだなんて呼ぶのはやめてちょうだい、と言う女性たちがいる。自分を（まだ）おばさんだとは認識していないので、他称のほうを変えてもらいたがるというわけだ。伯母か叔母か小母か、という自動的な振り分けと、自分自身の「心構え」とが掛け合わさって初めて、人は「おばさん的なる人生」を歩むことになる。そのタイミングは、早ければ十代、時代背景によっては二十代、人によっては七十代以上まで訪れなかったりする。

さしたる理由はないけれど、私はだいたい四十歳あたりを境に「おばさん」を名乗ることにした。甥が生まれ、姪が生まれ、自分では子供を持つ予定のない私は、よその子供に話しかけるときなど「おばさんに御用かしら？」なんて自称している。私たちは自分の意思で好きなときにおばさんに「なる」ことができる。「絶対ならない！」と決めて永遠にお嬢さんとして生きるのと同じくらい自由に、「絶対なる！」と決めて「我は、おばさん」と宣言することもできるのだ。

おばさんとは、女として女のまま、みずからの加齢を引き受けた者。護られる側から護る側へ、与えられる側から与える側へと、一歩階段を上がった者。世代を超えて縦方向へ脈々と受け継がれるシスターフッド（女性同士の連帯）の中間地点に位置して、悪しき過去を断ち切り、次世代へ未来を紡ぐ力を授ける者である。カッコよくて頼もしくて、社会に必要とされ、みんなから憧れられる存在であっても全然おかしくない。それがどうしてこんなにネガティブな響きを持つようになってしまったのだろうか。少なくない女性が「呼ばれたくない」「なりたくない」と怯《おび》えるほどに。

誰がお手本で、誰が反面教師なのか。小説の中に、漫画の中に、映画の中に、歌詞の中に、街中に、堂々たる素敵な先輩おばさんの姿を見つけるたび、私は少しずつ心強さを取り戻す。こんな中高年になりたい、と感じられる女性像を見つけて増やしていくと、世界の解像度が上がり、暗黒のように思われていた人生後半戦を、ポジティブに捉えて進んでいくこともできるようになる。「おばさん」的人生のスタート地点に立ち、私なりに考えた、よりよき「おばさん」になるための条件が、やっと摑めたような、またはぐらかされてしまったような。まだまだ迷子の状態で、極めて主観的な物言いになってしまうから、学術論文を書くようには結論が出せない。

こんなにたくさん息づいていて、かなりの存在感もあるというのに、まるで居ないもののように扱われている群体、そして個体。本書はそんな古今東西の「おばさん」たちについての随想であり、これから「おばさん」の時代を生きる筆者の所信表明である。読んだあなたの「おばさん」を見る目が、誰かを「おばさん」と呼ぶときの心持ちが、ちょっと変わるといいなと思っている。あるいは今後、あなたが「おばさん」になるとき、先を往く数多《あまた》の女性たちの歩みと同じようにこの本も、迷子の道標、暗闇の小さな灯り、ポケットの中の非常食、このまま進むぞと確信を持つ手助けの一つになれたなら、それほど嬉しいことはない。

目次

第二部　母とは異なる価値観の提示

第三部　少女でもなく、老婆でもなく

第一部

未来を向いて生きる中年

おばさんは、どこへ消えた？

『ぼくの伯父さん』に憧れて

子供の頃、大きくなったら「おじさん」になりたかった。具体的に言うと、一九五八年に公開されたジャック・タチ監督の『ぼくの伯父さん』(Mon Oncle)。あの映画の主人公、タチ本人が演じる「ムッシュ・ユロ」というキャラクターに、十代の私は憧れていた。

ユロ氏のトレードマークはパイプにレインコート、どこへ行くにもステッキがわりに蝙《こう》蝠《もり》傘。長身巨軀を持て余すように、腰に手を当て顔を突き出し、前かがみになるクセがある。増改築を重ねた古いアパルトマンの最上階にふわふわ暮らし、自家用車もなく自転車を乗り回している、無職の独身男である。

プラスチック工場を営む裕福な夫と結婚したユロ氏の妹は対照的に、ありとあらゆるものが電化、自動化された立派な一軒家で、何不自由なく暮らしている。この妹が、うだつの上がらない兄に縁談を持ち込もうとしたり、夫の会社で定職に就かせようとしたりするのだが、不器用なユロ氏の周囲では何もかもうまくいかず、つねにドタバタと騒ぎが起こる、とぼけたコメディだ。

『ぼくの伯父さんの休暇』『プレイタイム』『トラフィック』など、タチ監督が同じ人物に扮した作品は他にもあるものの、本作が放つ格別の魅力は、かわいい甥ッ子、妹の息子ジエラールによるところが大きい。親から与えられた最新鋭の快適な暮らしより、おかしなユロ伯父さんと一緒に外へ出て遊ぶほうが楽しいと、慕ってずっと後をついて回る。この男の子の視点を通して、社会の厄介者である「おじさん」が同時に愛すべき存在でもあるのだということが、力強く肯定されている。

そんな彼の生活は、今でこそ「キモくてカネのないオッサン（ＫＫＯ）」とバッサリ斬られてしまうかもしれないが、かつては「フランス版・車寅次郎」などとも評されていた。周囲がほっとけない呑気さ、怒るのも馬鹿らしくなるような謎の愛嬌を兼ね備え、何物にも縛られないたっぷりの自由を謳歌《おうか》しつつ、世界のハジッコで生きている。自分もあんな飄々とした大人になりたいと、ピエール・エテックスがイラストレーションを手がけたポスターを子供部屋の壁に飾り、うっとり眺めていたものだ。

北杜夫の私小説、植草甚一の洒脱なエッセイ、柳原良平が描くアンクルトリス、『こちら葛飾区亀有公園前派出所』の両津勘吉や『孤独のグルメ』の井之頭五郎、おじさんは物語の主人公になれる。漫画『天才バカボン』に登場するパパはタイトルロールの息子を食って主役ヅラしているし、テレビドラマ『おっさんずラブ』の黒澤武蔵に至っては、おじさんとしておじさんのまま、ヒロインにさえなってしまう。

地球を滅亡から救うようなヒーローではなく、多くはジェームズ・ボンドほど女にモテず、時には指をさされて笑われることもあるだろうが、それでもおじさんは、甥ッ子や姪ッ子たちからは大人気だ。テレビアニメ『宇宙船サジタリウス』（一九八六年放送開始）の主題歌「スターダストボーイズ」は、〈駄目じゃない　駄目じゃない〉〈星くずの俺たち結構いいとこあるんだぜ〉と、宇宙を飛び回る中年キャラクターたちを鼓舞する。私は阿久悠が作詞を手掛けたこの曲を口ずさみながら大人になった。おじさんは冴えなくたって愛される。開き直って我が道を行ける。

しかし、十代が二十代となり、二十代が三十代となり、四十代となった今、私は自分が「おじさん」としては生きられないことを痛感している。いつも同じ服ばかり着ているのも、狭いアパートメントに住んでいるのも、会社勤めが長続きせず収入が不安定なところも、親族の集まりでなぜか肩身が狭く、甥姪と一緒に遊ぶとき彼らに軽くナメられている気がするあの感じも、だいぶ憧れのムッシュ・ユロに近い。我ながら結構いいセンいっていると思うのだが、そんな私が「おじさんのオンナ版として生きる」と宣言しても、誰も首を縦に振らない。

人気アナウンサー、軽部真一と笠井信輔のコンビ名「男おばさん」はカワイイと歓待されるのに、同じテレビ局に勤めるベテラン女子アナウンサーたちが「女おじさん」を名乗ってカッコいいと喝采を浴びることはない。かつて流行した「おやじギャル」という言葉も、若い未婚女性だけを指す賞味期限付きの言葉だった。私は何を名乗ればいいのだろう？　と問うと、オンナなんだから「オバサン」じゃないの、と返される。そこにはなぜかいつも、嘲笑《あざわら》うような響きがある。

奪われた呼称

こうした男女の不均衡が、「女は若ければ若いほどよい」「女性の価値は加齢とともに下がる」といった社会通念にもとづいていることに、議論の余地はないだろう。今まで男性を中心とする社会は、女の加齢を肯定的に捉えて正当に評価することを、ほとんどしてこなかった。そのツケを「おばさん」という言葉が支払わされているのだ。

といって、責めを負うべきは男性ばかりとも限らない。我々女性もまた、自身の加齢をネガティブに捉えがちであり、自虐的に嘲笑することによって、みずからのうちに差別感情を内包してしまっている。

「おばさん」という言葉をさまざまな辞書で引いてみると、書かれていることはだいたい同じ。一つ目の定義は「父または母の姉妹」、伯母や叔母などに敬称サンが付いたもの。二つ目の定義は「他家の年配の女性」で、漢字で書くと小母さん。英語でいう「middle-aged lady」「old lady」にあたる。いずれにせよ中年女性の総称で、本来はニュートラルな意味合いしかない。男性に用いられる「おじさん」同様、続柄を説明するのが面倒な年嵩《としかさ》の相手を指して、しょっちゅう用いられて然るべき呼称である。しかし社会の中でこの言葉はいつの間にか蔑称と成り下がり、触れてはならぬ禁忌のように、言葉狩りに遭っている。

現在四十一歳の私が「おばさん」を自称すると、まず猛反発する筆頭は、なんと年上の女性たちだ。アンチエイジングに余念のない美魔女からは、「あなたの年齢でそんなこと言われたらたまんないわ、私まで老け込んだ気分になるから即刻やめてちょうだい！」と怒られる。時にはあの気高きフェミニスト諸姉からさえ、「オバサンだとかババアとか、そんな自虐的な名乗りで、みずからを傷つけ、卑下してはなりません」と窘《たしな》められる。どれだけ女性解放が叫ばれようとも、蔑称として定着した「おばさん」の四文字は、少なからぬ女闘士の自尊心を殺してしまうようだ。その気持ちもわからなくはない。

幼い頃の記憶を辿ると、かつて私を取り巻く世界は「変なおじさん」や「見知らぬおばさん」に満ち満ちていた。自分のママでも友達のお母さんでもなく、学校や習い事や病院の先生でもなく、固有名詞が不明で、バアサンと呼ぶにはまだ早い。そんな得体の知れない女性は、血の繋がった伯母や叔母でなくとも、便宜上みんな「おばさん」だった。ところが、少しずつ言葉を覚え、対人コミュニケーション能力が発達していくうちに、その数はみるみる減っていく。

男女雇用機会均等法が施行されてもなお、結婚適齢期について「二十五過ぎたら売れ残り」とクリスマスケーキの喩《たと》えが使われていたような、昭和の終わり頃。我が家では、父母の妹たちを下の名前にチャン付けで呼んでいた。嫁入り前の彼女たちが、姪である私に「叔母さん」と呼ばれるのを嫌がっている様子は明らかだった。若い女性だけではない。祖父母と同世代の親戚に「大叔母さん」と話しかけると「やだわ、せめて叔母さんにしてよ」と嘆かれたりもした。「おばさん」は、ありとあらゆる女性から厭《いと》われる呼称。大きいよりは小さいほうが、まだマシな呼称。語義を識《し》るよりも先にそう学習した。

お店の従業員には、意識して「おねえさーん」と呼びかけるよう努めると、行儀の良い子だと褒められる。「おばさん」は、投げつけると行儀の悪い言葉。そう学習する。どうしても他に形容しようがない人物には、「あちらのミセス」「そちらのマダム」と外国語を使えばよいと知った。「おばさん」は、古き悪しき土着の田舎臭さを感じさせる言葉。そう学習する。ファッション雑誌が「オトナ女子」を謳《うた》い始めたときは、その手があったかと感心した。「おばさん」はやがて、考えるより先に身体が回避する言葉となり、かたや言い換え表現のほうは無限に増殖していった。

十年ほど前、私より早く結婚して私より早く第一子を出産した妹が、新生児に乳をやりながら「これでお姉ちゃんも、とうとう伯母さんだね」と言った。おばさん。「ああ、でも、うちの子たちにも、我が家の伝統に則って『イクちゃん』と呼ばせるから、安心してよね」とも言われた。安心。

まだ言葉も発さない乳飲み児から、あらかじめ剝奪される語彙。おばさんは、忌避すべき言葉。血の繫がった伯母や叔母にさえ、使ってはいけない呼称。直視してはいけないもの、除去されると安心なもの。二十一世紀に生まれて二十二世紀まで生きるかもしれない甥や姪も、私と同じこのタブーを学習していくのだろうか。

見知らぬ他人から不意に「おばさん」と呼びかけられると、なんとも形容し難い心許なさに襲われる。美化政策が徹底された街の、ゴミひとつ落ちていない清潔な道路の上に、最初に投げ捨てられた紙屑《かみくず》にでもなった気分だ。女性雑誌には「私らしく美しく、素敵に年齢を重ねよう」といった婉曲的なキャッチコピーが躍る。「イケてるおばさんになろうぜ！」と誘いかける声はどこからも聞こえてこない。世界から「おばさん」があらかた排除されているから、「伯母さん」の私も存在していてはいけない気がする。早く別の何か、「オトナ女子」とか何とかにならなければ、条例違反で罰則が科せられてしまうのではないか。そんな焦りを感じる。

ついこの間まで早く大人になりたいと願っていた元少女たちが、あるときを境になぜか、年相応の成熟した女性として扱われるのを嫌がりだす。今生で与えられた時間のうち、少女と老婆の間に横たわる長い長い期間の途上を生きながら我々は、それをあるべき言葉で自称することすらしない。我は、おばさん。なぜ胸を張ってそう名乗ることができないのだろうか。

見えず、そして愛でられず

二〇一八年、ニュースキュレーションサービスのNewsPicksが「さよなら、おっさん。」と銘打った新聞広告を掲出し、物議を醸した。サイト内で〈ここでいう「おっさん」とは年齢のことではありません。マインドセットや価値観のことです。〉との弁明が付され、「よりフラットで多様な社会で生きてきた」人々が、そんな彼らを社会から駆逐してみせる、とのたもうた。

だが、旧世代の価値観を「おっさん」なる男性名詞で丸め込んだ時点で、この広告もまた古臭い価値観の枠組みを脱していない。新世代の代表ぶって仮想敵を揶揄《やゆ》する彼らもまた、男によって男のために高く築かれた土俵から降りずに、男子限定の最強決定戦での下剋上を目論んでいるだけなのだ。強権を発動する大物経営者や国家の長たちの、性別が男でなくなる可能性は今も昔も想定されず、外へ出て働く女も、家事労働に従事する女も、こんなにたくさんいて「今までの社会」を支えてきたのに、見えていない。おまえらマジで「女」を同等な人間扱いしてねーのな、「フラット」「多様」が聞いて呆れるわ、とボヤきたくもなる。

この広告を見た中年以上の男たちは、現代日本社会で最も蔑まれているのは「おじさん」だ、と嘆くだろう。妻や娘に洗濯物を分けて洗われるから、婚活パーティーで無視されるから、ただそこに居るだけで嫌われるから、俺たちは可哀想な被害者である、と主張する。しかし「おじさん」の窮状は社会の中央で可視化されるだけ、一顧だにされない「おばさん」よりもいくらかマシではないだろうか。

若い世代の男性たちさえも生きづらさを感じて辟易しているという、この「おっさん」中心社会において、おばさんとしておばさんのまま世間に受容され、タイトルロールを務めるような中年女性がいるのだろうか？　まず浮かぶのは「ステラおばさんのクッキー」や『スプーンおばさん』など、母性の置き換えにあたる家庭的なアイコンだ。逆に、諸般の事情で独身を貫いた老嬢《オールドミス》というのもいて、こちらはアガサ・クリスティが生んだ名探偵「ミス・マープル」あたりが代表格か。誰より明晰に謎を解いてみせるのに、その実力をいつもみくびられている。堀田かつひこの漫画『オバタリアン』（一九八七年連載開始）は、巷のおばさんの生態を面白おかしく観察し、「大隊」「大群」を意味するバタリアンという言葉を充てていた。原作を離れて独り歩きしたこの呼び名は、流行語となり、蔑称となっていった。

いやいや俺たちは脇を固めるおばさんキャラのことは大好きですよ、と言う男性が挙げるのは、『機動警察パトレイバー』の南雲しのぶや『新世紀エヴァンゲリオン』の葛城ミサトだったりする。たしかにカッコよくて頼れる女性管理職だが、二人ともあくまで青少年から仰ぎ見られた壮年期《アラサー》の独身女性であって、「おじさん」と対置する存在ではなさそうだ。架空の太陽星団で美容整形を繰り返して若さを保つ『ファイブスター物語』のアイシャ・コーダンテや、『鬼滅の刃』の珠世のような不老設定の美魔女も、地球人類が直接の参考にはしづらい。等身大の中年女性がありのまま脚光を浴びるコンテンツはとても少なく感じられる。おじさんだって愛されたい、と訴える男の声は真摯に受け止められるのに、おばさんだって愛されたい、と訴える女は、失笑を買うばかりでコメディのヒロインにすらなれない。

社会の中に「おばさん」は「おじさん」とほぼ同数存在する。善人もいれば悪人もおり、勝ち組あり負け組あり、カッコよくて立派な者もいれば、キモくてダメな奴もいる、それも「おじさん」と変わらない。ところが、「失礼にあたる」といったもっともらしい理由で集団名を奪われた中年女性たちには、今のところ、定まった総称さえないのだ。だから観察対象にもならず、研究テーマにもならない。滅多に脚光が当たらず、稀少種やハズレ値のような扱いを受ける。我々女性が加齢とともに感じる心細さの原因も、そこにあるのだろう。離散《ディアスポラ》という単語さえ思い浮かぶ。

もし「おばさん」という言葉にここまでのネガティブなニュアンスがなければ、この呼び名を、我々自身が心の拠り所として使うことができていたら。この世には、もっと自由闊達な「おばさん」への論考や、もっと多様な「おばさん」の物語が増えていてもおかしくないのだ。そんな世界を生きていたら、女の私が子供の頃に、わざわざ選んで「おじさん」になりたいと考えることもなかっただろう。

とすれば、嘆いてばかりもいられない。「素敵な中年になる」道は、「おっさん化」以外にもあるはずだ。おっさん中心社会を取り巻く言論に関してはボーイズクラブにお任せして、私は独り淡々と社会の片隅、ハジッコに息づいている「おばさん」の蒐集《しゅうしゅう》にとりかかるとしよう。まずは、ろくに中身も確かめずに屑籠に投げ捨てられてきた脇役の中年女性たちを、もう一度、拾い集めるところから。本来ニュートラルな言葉であるはずの「おばさん」にまとわりついた錆や汚れを洗い落とし、誰もが口にすることを憚《はばか》るこの言葉を取り戻し、物語に描かれたその姿を捉え直す。「さよなら、おっさん。」ならぬ「こんにちは、おばさん。」という試みである。

街角のフェアリーゴッドマザー

二年前のある日、私はニューヨークの下町でコーヒーを飲んでいた。店内が急に混み合ってきたなと顔を上げると、カウンター席のすぐ並びに、大柄の老婦人がどっかりと腰を下ろす。ススキ野原のような金髪をボブにして、ターコイズブルーの分厚い眼鏡。外は肌寒い気候なのに夏物のワンピース姿、手にしたアイスコーヒーのカップもびっしり汗をかいていた。傍らには、すらりと細身の美しい女の子が二人。背格好からジーンズのハイウエスト位置まで奇妙に揃っていて、腰まで伸びた金髪の長さも同じ、伸ばしっぱなしで手入れの行き届かぬ様子もそっくりだ。

老婦人は眼鏡と合わせた空色の革鞄から書類挟みを取り出して、二人のために、何か書類にサインをしてやっていた。何か動くたびに、どっこいしょ、あれでもないこれでもない、と独り言《ひとりごと》ちる彼女に、コピー&ペーストされたような二人はまったく応えない。謝意も述べずに、無表情のままモジモジしている。ボサボサの金髪がよく似た、陽気なおばさんと陰気な双子。署名を終えた女性は、紙束を渡しながらこう言った。

「So, what are your little sisters doing?」

で、小さな妹たちはどうしてるの？　「や、とくに、どってことないです、こないだママと一緒に会ったきりです、あ、書類、あざまっす」などとモソモソ答える双子に、老婦人は食らいついて離さない。まぁまぁ、突っ立ってないで座りなさいよ、とカウンター席へ促すので、私はカップを片付けて席を空けてやった。その後の会話は聞き取れなかったが、それまでのやりとりで関係性はくっきりと浮かび上がっていた。

彼女は、おばさん。この街に暮らす年配の遠縁の女性である。おそらくは進学を機に大都会へやって来た姉妹の後見人を務めていて、何か頼み事のメッセージを受信すると、嬉々としてどこへでも飛んでくる。親元を離れて好きに遊び暮らしている女の子たちは、学費だか寮費だかの書類手続きにどうしても大人の承認が必要なときだけ、仕方なくこの手近なおばさんを利用する。契約書類にサッと魔法の署名が書き込まれると、若い女の子たちには、輝かしい未来の時間が授けられる。

この老婦人を見て私が連想したのは、「フェアリーゴッドマザー」だった。日本語では「魔法使いのおばあさん」と訳されることが多いが、直訳すると「妖精の代母」となる。古今東西、さまざまな御伽噺《おとぎばなし》に似たような人物が登場するけれど、一番よく知られているのはシャルル・ペロー版の童話『シンデレラ』だろう。継母から陰湿ないじめを受けていた若い娘のところへ突然現れて、ガラスの靴とカボチャの馬車を与えてお城の舞踏会へ送り出し、王子様と結ばれるハッピーエンドのために必要なものをすべて御膳立てしてくれる、あの女性である。

ヒロインに乳を含ませて育てた実母でもなければ、手取り足取り教え導いた教師でもなく、肩を並べて一緒に戦う友達でもない。しかし、高みから少女を見守り、護符を与えて邪悪なものを祓《はら》ってくれる。そんな「善き魔女」たちは童話の外の世界にも住んでいて、ニューヨークのコーヒーショップなどに出現し、ちょっとした援助を差し伸べる。子供と呼ぶには大きいが大人と呼ぶには幼い、すべての妹たちのために。そしてその後に続く、さらに小さな妹たちのために。何でもしてやろう、という無償の愛のまなざしをもって。

同じ光景を三十年前の私が見たら、きっと少女たちに感情移入したことだろう。二十年前でも、十年前でも。しかし今現在は、自分を「おばさん」の側へ重ねている。私もあんなふうに、波荒れ狂う実社会で少女たちに光を送る灯台のような、生きづらさを感じる後進たちに明るい道を切り拓いてやるような、力強い保護者でありたい。そんな想いに心揺さぶられる年齢に達すると、かつて少女時代に憧れた呑気な「おじさん」像が、ずいぶんといたいけな存在であったことに気づかされたりもする。

二〇一〇年公開の映画『イリュージョニスト』が、美麗な映像と残酷なプロットでそのことを示唆している。ジャック・タチ監督の没後、シルヴァン・ショメ監督が遺稿をもとに脚色を施し、熱烈なオマージュを捧げた長編アニメーション作品だ。売れない手品師タチシェフは、男社会のハジッコからハジッコへと吹き流されるように孤独な巡業の旅を続けている。彼のことを本物の魔法使いだと信じた少女アリスは慕って後を追いかけてくるのだが、生計を立てることすらままならない中年男が、他者に対して社会的責任を負うことは難しい。

ユロ伯父さんと甥ッ子ジェラール、近所に住む血縁の男同士では麗しく続いていた関係性が、タチシェフおじさんと少女、見ず知らずの異性との共同生活となると、途端に脆く均衡が歪み、全編にわたり物悲しい階調を帯びる。子供に未来を与える代父の務めなど到底果たせない中年男と、しっかり者だが世間知らずの押し掛け幼な妻との、叶うはずもない純愛。これはリュック・ベッソン監督の映画『レオン』で、殺し屋レオンと少女マチルダが突き進んだ袋小路にもよく似ている。

大事なことに言及し忘れていたのだが、ジャック・タチの演じるムッシュ・ユロは、作中でほとんど台詞を発さない。フーテンの寅さんも物売り口上で世を渡る割にマドンナの前ではやけにモジモジ絶句するけれど、ユロ伯父さんはさらに口数が少ない。ふんだんに劇中音楽が奏でられ、他の登場人物たちは会話も交わすなか、主人公ばかりがパントマイムの技法を駆使して笑いを取り、涙を誘う。言葉によるコミュニケーションを免れることで、世知辛い現実から少しだけ浮遊することが許されているのだ。

『82年生まれ、キム・ジヨン』と大姨媽

三十歳を過ぎてから「ユロもの最新作」として映画『イリュージョニスト』を鑑賞した私は、「おじさんは少女であり、少女はおじさんである」との定理に到達し、胸が締めつけられる想いがした。「おじさんになりたい」というかつての私の願望は、ある朝起きたら中年男に変身していたい、という意味ではなく、女として女のまま「永遠の少年」のように生き続けたい、つまり、いつまでも「乙女」でいたい、という幼稚な気持ちの裏返しであったことに気づいたのだ。

その願いが叶うと、永遠のモラトリアム期間と引き換えに、実社会の中で「声」を奪われることになる。厳しい現実からするりとイチ抜ける生き方を、寂しい背中越しにそっと伝える寡黙なユロ伯父さんのように。あるいは、いたいけな小さな望みを叶える代わりに物言わず泡と消える『人魚姫』のように。

フェアリーゴッドマザーを第一のロールモデルとする「おばさん」像は、もう少し地に足ついていて、もう少し社会性があって、そしてもう少し、口やかましい。平たく言うと、今現在の私が大人の女としてシンパシーを寄せる「おばさん」たちは、とにかくおしゃべりである。アニメ版でも実写版でも、『シンデレラ』のフェアリーゴッドマザーは、ひっ

きりなしに動き回っては、ぶつくさ独り言を発し続けている。地に足つけて踏み固め、よっこいしょ、どっこいしょ、と絶えず「善き呪文」を詠唱し続けていなければ、この世界にガッチリ強固な魔方陣を張ることができないとでも言わんばかりだ。

チョ・ナムジュの小説『82年生まれ、キム・ジヨン』（二〇一六年原著刊）にも、言葉の力でヒロインを救うおばさんが登場する。深夜のバス停で男子生徒にストーキングされ、気分が悪くなった高校生のキム・ジヨンを、同じバスに乗っていた勤め帰りの女性が声を掛けることで助けてくれる。家族やクラスメイト、同僚などと違って名前すら持たない登場人物だが、キム・ジヨンから御礼の電話を受けたこのおばさんは、「あなたが悪いんじゃない」という言葉を授けてくれる。

〈世の中にはおかしな男の人がいっぱいいる。自分もいろいろ経験した。でも、おかしいのは彼らの方で、あなたは何も間違ったことはしていない（略）「でもね、世の中にはいい男の人の方が多いのよ」〉（斎藤真理子訳）

そして三十三歳のキム・ジヨンは、育児うつと疑われる症状を抱えて精神科を訪れる。それは、無自覚な彼女に別の人格が憑依《ひょうい》して言霊《ことだま》が乗り移る、というものであった。本作のあらすじを要約して人に説明する際、近親者そっくりの声で喋りだすキム・ジヨンについて、「正気を失う」「奇行」「病気」といった表現を使う読者も多い。作中における精神科医の見立ては、たしかにその通り。だが、最後の一行まで読み終えて本を閉じ、全体を俯瞰してみると、どうだろうか。

キム・ジヨンは、おばさんになった。アウトプットの仕方に少々エラーが生じただけで、彼女の姉が、上司が、母が、祖母が、その他の女たちが辿った道と同じだ。物言えぬ少女が立ち上がり、その身におばさんを宿して、社会の中で女性が不遇について大きく声を上げる。非力な若い女性が社会構造の中で抑圧され、差別され、軽んじられ侮られているときに、かつてどこかで聞いた年配の女性の「声」を借り、みずからを護る「善き呪文」を唱え、口やかましい隊列の一員に加わることは、それほど「異常」なことだろうか。

いいえ、「おかしい」のは彼らのほうで、あなたは何も間違っていない。韓国はもちろん、二〇一八年には日本でも社会現象を巻き起こすほどのベストセラーとなった物語の中で、通りすがりの名も無きおばさんが、高らかにそう宣言している。

ところで中国語圏の若者は近年、生理痛やPMS（月経前症候群）など月経周期による変化を「大姨妈《ダーイーマー》」と称すのだそうだ。体内で起こる毎月の不調、嵐のような気分の乱高下を、突然暴れだす不機嫌で厄介な「おばさん」に喩えるのだという。この表現について、女体という家に「外から押しかけて来る」迷惑な姑のような存在、と解説しているのを何かで読んだ。違和感をおぼえて書き手のプロフィールを見ると、男性だった。さもありなん。

心優しい殿方は、「悪いおばさんが来たせいで、苦しそうだね、かわいそうに」と慰めの言葉をかけてくれるのかもしれない。だが女体を持つ者の実感で言うならば、月経は来訪客ではなく、生まれたときからずっと子宮に飼われ続けていた獣のような存在だ。暴れたら押さえ込みねじ伏せるしかないが、どんなに醜く厄介な姿をした嫌われ者であろうとも、その獣は分かち難く私自身であって、外敵ではない。つまり「大姨妈」とは私、私こそが「大姨妈」、毎月毎月、激痛に床をのたうち回りながら、「真の男女平等とは、きちんと生理休暇を取得できる権利から始まる！」と吠え狂っていたり、するのである。

キム・ジヨンがその身に憑依させた「おばさん」たちも同様に、外から彼女に乗り移って彼女の人格を奪うものではなく、先を歩む女性たちすべてを取り込んだ、彼女自身の内なる声ではないだろうか。若くかわいく従順だった少女がある日突然オバタリアンと化すのではなく、我々は、腹中に飼い慣らした内なる「おばさん」の咆哮《ほうこう》を我がものと獲得して初めて、世界と切り結ぶ大人になるのである。

「物言う女」の自己肯定

あなたは最近どうしてる？　あなたより、もっと小さな妹たちは、どうしてる？　未来に希望が感じられる？　かつて私が少女だった頃より少しはマシになっている？　もしも状況がひどくなっているなら、あなたたちのために何かしてやれることはある？　困ったときは、いつでも私に相談しなさいね？

おばさんは、ひっきりなしに問いかける。あらゆることに口を出す。いきなり突き放したかと思えば、頼んでもいないのに手を差し伸べたりもする。すっかり自立したオトナのつもりでいるニューヨークの双子は、老婦人の長引く世間話にうんざりしていることだろう。五分で用事を片付けたくて、レストランではなくコーヒーショップを指定したのに、どうしてこんなに口うるさいのか。田舎の実家に閉じ込められている幼い妹たちのことなんて、思い出したくもないよ、と。

それでもおばさんは問い続ける。私だって、同じこの時代を生きる年若い女の子たちに、語りかけたいことが山のようにある。とくに、ニューヨークから遠く離れた、あの故郷の島国に残してきてしまった彼女たちに。小さな妹たちはどうしている？

幼いうちから聖母であり娼婦であることを同時に求められ、アイドルになって表舞台に立てば自由恋愛を禁止され、男性の倍以上の努力を重ねても医科大学で入試不正の犠牲となり一律減点を食らい、酒と薬物を盛られて抗拒不能状態で強姦されても加害者には無罪判決、どれだけの偉業を成し遂げてもヒーローインタビューでは家庭生活との両立について訊かれ、継母にいびられ灰をかぶりながら日々のまめまめしき物事に追われ、産んでも産まなくても生産性を問われる世の中で、私の後に続く女の子たちは、あなたの後に続く女の子たちは、どうにか元気でやれている？

私は現在、四十一歳。子供はいない。甥や姪はいる。後がつかえているから、いつまでも永遠に乙女の気分ではいられない。昔より一歩だけ死に近づいて、けれどもまだまだくたばらない。これからは、「おばさん」の目を持って世界を眺め、すべての物語を捉え直すことになる。そして、「おばさん」として世間にまなざされ、はたまたスルーされたりもする。

一個の女性が顔を上げて生きることを、もしも世間の誰かが阻もうとするのなら。毒や棘《とげ》ばかりが論《あげつら》われ、何か口を開くたび「うるさい」と詰《なじ》られて、ことあるごとに更年期障害を疑われ、言葉狩りの美化政策が徹底された街で「おっさん」と同じかそれ以上の冷遇を受けるというのなら。我々はまず、我々自身を力強く肯定するところから始めなければならない。どんな言い換え表現でもなく、ただ「おばさん」として。我は、おばさん。シスターフッドに護られるだけでなく、シスターフッドを護る側として、この社会にあまねく、女たちを言祝《ことほ》ぐ善き呪文の力が及ぶことを祈っている。

贈り物が結ぶ斜めの関係

ユーミンとチンプイのシンデレラ

少女と老婆の間に横たわる、長い長い時間を指す言葉「おばさん」。男たちだけでなく女たちからさえも忌避されてきたこの呼称の奥には、何が隠れているのだろうか。やんちゃに生きる背中が若者の憧れを誘う、永遠の少年のような「おじさん」像とは異なり、「おばさん」は強い社会性を伴っている。たとえば前述した『82年生まれ、キム・ジヨン』は、男性優位社会の中で発言の機会を奪われてきた三十三歳のヒロインが、年長の女性たちの声を得て「物言うおばさん」になる物語であった。

おばさんとは、人生の折り返し地点を迎えた者、少女時代を卒業し、与えられる側から与える側へ回った女たちのことである。当然ながら、この世には善いおばさんもいれば、悪いおばさんもいる。年下世代へつねにプラスの影響をもたらすとも限らない。だが、ただでさえ分断されがちな「おばさん」を単純な善悪で二分してしまう前に、もう少しこの「与え、護る」という役割について考えてみよう。

『シンデレラ』に登場するフェアリーゴッドマザー（妖精の代母）は、実の親を喪った哀れな娘に、舞踏会用のドレス、カボチャの馬車と、ガラスの靴を与えた。一九八〇年生まれの私にとって、シンデレラと聞けば絵本の挿絵と同じかそれ以上に、松任谷由実「シンデレラ・エクスプレス」の情景が思い浮かぶ。一九八五年のアルバム『DA・DI・DA』収録、遠距離恋愛のカップルを描いた楽曲だ。

一九八七年には、この曲をもとに東海道新幹線を舞台としたJR東海のCMが制作された。短い週末を東京で共に過ごしたカップルが、日曜深夜の下り線ホーム、終列車の出発前に別れを惜しむ。遠距離恋愛を必ず成就させる強い意思をもって、昭和末期の女たちは〈ガラスの靴　片方　彼が持っているの〉と歌った。それはもはやフェアリーゴッドマザーから授かった一夜限りの夢ではない。ユーミンを聴いて育った現代のプリンセスは月曜朝からバリバリ働き、レンタルドレスの延滞料金だって自腹で払うのだ、きっと。

バブル景気の真っ只中を生きる小学生女児の心に、もう一つ、強烈に刷り込まれたフレーズといえば「シンデレラなんかになりたくない」。一九八五年に連載開始された藤子・F・不二雄の漫画『チンプイ』の、テレビアニメ版エンディング主題歌である（一九八九年放送開始）。

〈ちっともハートにピッタリこない　ガラスの靴じゃ進めないわ　私だけのFree-Way My-Way　シンデレラなんかになりたくない　自分で歩いて行くわ　シンデレラなんかになりたくない　裸足で歩いていたいから〉（作詞・岩室先子）

地球から三十五光年離れた異星の王子様のお妃候補に選ばれた女子小学生のもとに、王室から派遣されたお世話係チンプイが居候するSFストーリーである。冴えない男子小学生の未来を改変するべくやって来た猫型ロボット・ドラえもんが二十二世紀のひみつ道具を操るように、ネズミによく似た姿のチンプイは「科法」という不思議なテクノロジーで少女の日常をサポートし、マール星の第一王子・ルルロフ殿下との縁談に快諾を取りつけようとする。

本作のヒロイン、平凡な両親と庭付き一戸建に暮らすごくごく普通の女の子・春日エリには、意地悪な継母もいなければ、フェアリーゴッドマザーもいない。強引に婚礼準備を推し進めるのは、主に役職付きの男性たちである。マール星の王室侍従に相当する老爺・ワンダユウをはじめ、花嫁衣装のデザイナーや財務長官、式典部長などが続々とエリを訪ねる。王子様との結婚は全宇宙の羨望の的、もっと有難がるべきだ、とレディメイドの「女の幸福」を一方的に押しつけてくるのだ。顔すら見たことのない彼女のプリンスチャーミングからは、爵位に領地、何でも願い事の叶う商品券などなど、贅沢な貢ぎ物が届く。受け取る誘惑にかられながらも、エリは熟慮の末、たびたびそれを突き返す。

エリには内木くんというステディなボーイフレンドもいて、恵まれた相手とのお膳立てされた結婚には、まるで乗り気になれない。古式ゆかしいハッピーエンドをきっぱり拒否して「いつか結婚するときは地位や財産なんか関係なく、ほんとに好きな人のおよめさんになりたい」と言い放つ少女は、松任谷由実のヒット曲と同時期に描かれた、もう一つの現代版『シンデレラ』である。

シスターフッドが世界を塗り替える

ユーミンとチンプイから遅れること三十年、二〇一五年にはディズニーもようやく『シンデレラ』をアップデートした。裸足で歩いて自力で王子様を見つける現代のプリンセスたちは、もはや魔法使いの贈り物を必要としないのではないか？　という問いへの、ディズニーからの回答がこの実写映画だ。

一九五〇年版のディズニーアニメではふくよかな白髪の老女として描かれていたフェアリーゴッドマザーを演じるのは、撮影当時四十代後半のヘレナ・ボナム＝カーター。若返りを強調するべく、最初は老婆として登場し、そこから見違えるような純白のドレス姿に変身する場面がちゃんと挿入されている。何をするにもおっちょこちょいで、大人なのにどこか頼りない。浮世離れした「残念な美女」というような造形だ。継母を演じるケイト・ブランシェットが生々しく現実味のある憎まれ役を演じたのとは、極めて対照的と言える。

かつて「魔法使いのおばあさん」と呼ばれた同じ女性が若返り、実写版リメイクで装いを新たに強調したのは、ヒロインとのシスターフッドである。姉と呼ぶには年が離れているが、母や祖母よりは近くから、ずっと見守ってくれている、困ったときの味方。そんな大人の女性との関係性が、二十一世紀生まれの小さなプリンセスたちに「幸福な結末」の新しいかたちを示している。

『シンデレラ』に先駆けて二〇一四年に公開された『マレフィセント』もまた、その象徴と呼べるようなディズニー映画だ。公開当時三十八歳のアンジェリーナ・ジョリーが主演を務め、製作総指揮にも名を連ねている。邪悪な魔女から呪いをかけられたプリンセスが王子様のキスで目覚めて救われる……、一九五九年のアニメ映画『眠れる森の美女』では悪役《ヴィラン》であったその魔女が、本作ではヒロインの座とともに、なんと王子様の座まで奪ってしまう。二十一世紀の眠り姫は、この美しき黒装束の「おばさん」からの愛のキスによって、禍々《まがまが》しい呪いを解かれるのだ。

物語冒頭、マレフィセントは立派な角と大きな翼を持つ妖精国の少女として登場する。

あるとき人間の少年ステファンと知り合い、逢瀬を重ねるうちに惹かれ合う。だが成人した彼は野心のために彼女を裏切り、その翼を切り落として人間国の王へ献じることで、まんまと後継の座に就いた。

翼を捥《も》がれたマレフィセントは怒髪天を衝き、ステファン新国王に娘のオーロラが生まれると、「十六歳の誕生日、糸車の針に指を刺されて永遠の眠りにつくだろう」と復讐の呪いをかける。美しい少女へと成長したオーロラ姫はしかし、この偏屈なヴィランを一目見るなり、こう笑いかけるのだ。

「あなたね、私のフェアリーゴッドマザー！　いつも近くで私の人生すべてを見守ってくれている気配を感じていたの！」

たしかにマレフィセントは長い歳月、復讐だけを生きがいに、この呪われた赤子をずっと見張ってきた。そして心の底ではいつしかオーロラを深く愛するようになっていたのだ。術者本人にも解けない強力な予言の通り、十六歳になったオーロラは永遠の眠りにつく。通りすがりの王子様がキスで解呪を試みても上手くいかない。絶望に暮れるマレフィセントは、その寝顔に詫びながら、「一生あなたを守る」と額に口づける……するとどうだろう、呪いが解けて、眠り姫がひょっこり目覚めるのだった。

かくして、真実の愛と誓いのキスで結ばれた女二人は、鉄の棘が張り巡らされた城を脱出し、国王を倒して、分断されていた人間の国と妖精の国とをまとめあげる。女王に即位したオーロラが「私の国を統一した人物は、ヒーローであり、ヴィランでもあった」とマレフィセントを讃えて、めでたし、めでたし。

誰より身近にいる同性と築いた、男女の恋愛とは異なる「真実の愛」によって、生まれながらの呪いから解放されて真の女王となる……。このように要約すれば、実の姉妹間のシスターフッドを描いた『アナと雪の女王』（二〇一三年公開）とも相通ずるストーリーラインだ。それぞれ記録的な興行収入とともに圧倒的な支持を得た、「新しい女の子たちの物語」の類型がここにある。

『マレフィセント』は一日にして成らず

『マレフィセント』が描いたのは、「善いおばさん」ことフェアリーゴッドマザーと、「悪いおばさん」こと邪悪なヴィランとは、時に表裏一体であり、もしかすると同一人物でもありうる、という可能性だった。しかもその中年女性は、王子様顔負けのヒーローであり、さらに、元プリンセスでもありうる。

映画冒頭、まずはマレフィセントの隠された少女時代が、めくるめく密度で組み上がっていく。当たり前といえば当たり前の事実、どんなに怖そうに見える「おばさん」だって、人生の前半は「少女」として生きてきたのである。彼女は妖精の国で誰より強い力を持ち、恋人から真実の愛のキスを贈られたこともある、プリンセスの称号にふさわしい女性であった。

しかも、強い。大きな翼で自由に空を飛び回るマレフィセントは、攻め込んできた人間の大軍を相手に一騎当千の活躍を見せる。だが、弱い。ダメ男とヨリを戻しかけたところで騙されて眠り薬を盛られ、デートレイプ被害に遭って、自慢の翼を失ってしまう。しかし終盤になると、その背にふたたび翼を取り戻し、オーロラの実父、自身の初恋の相手でもある男を、素手で殴り倒すのだ。やっぱり強い。

恋する少女であり、虐げられた犠牲者であり、愛する者のために戦う正義の執行者でもある。「おばさん」は一日にして成らず。固く閉ざした心から微かに覗く喜怒哀楽、行動の一つ一つに、過去生きてきた時間がすべて反映されている。登場した瞬間から退場する瞬間まで黒一色のヴィランに徹していたアニメ版マレフィセントとは、まるで造形が変わっている。

この物語には、別のおばさんも登場する。国王から赤子を預けられた三人の妖精たちだ。農婦に扮して森の隠れ家で暮らし始めた彼女たちは、著しく生活能力に欠けており、魔法を封じられると何もできない。暇潰しの偵察にやって来たマレフィセントは、ほとんど育児放棄状態に置かれている赤子を見るに見かねて、死なない程度にこっそり子育てを助けてやる。原作童話では、善良な妖精たちの庇護こそが邪悪な魔女の干渉を退けていたわけで、この映画では「善いおばさん」と「悪いおばさん」とがひっくり返った格好《かこ》である。

実母の顔を知らず、養母たちにネグレクトされても、オーロラ姫は不遇を託つことなく天真爛漫な少女に育った。自分は不思議な幸運に守られている、影のようについてくるフェアリーゴッドマザーに見守られている、という確信があったからだ。十六歳の誕生日を迎える直前、オーロラは三人のおばたちの家を出て、やっと出会えた妖精の代母・マレフィセントと暮らす決意をする。お世話になった恩はあるけれど、私ももう大人だから……と言葉を選びつつ、毒親から独立しようとするのだ。

アップデートされたのは「おばさん」だけではない。プリンセスのほうも、〈ちっともハートにピッタリこない　ガラスの靴じゃ進めないわ〉と歌う『チンプイ』の主題歌よろしく、よりよいパートナーを主体的に選び、自力で人生設計を立てて幸福を掴みに行く姿勢を見せる。寝ながら待っているといつか王子様が助けに来る、という『眠れる森の美女』に描かれた「女の幸福」は、かくしてすっかり上書きされた。

マレフィセントは末長く若き女王の治世を支え続けることだろう。姉と呼ぶには年が離れているが、母や祖母よりは近くから、ずっと見守ってくれている、困ったときの味方。血縁よりは遠いが、恋人の王子様よりはずっと近い、斜めに位置する、母に似た母以上の存在。日付が変わると消えてしまうカボチャの馬車やガラスの靴のような婚活お役立ちアイテムではなく、厚い信頼関係で結ばれた「おばさん」という存在それ自体が、少女たちへ授けられた最大のギフトなのである。

『更級日記』のゆかし

誰もが知る昔話のあらすじは、王子様の代わりに「おばさん」を軸にして書き換えられていった。そうした新しい物語に触れることによって、かつて少女であった我々もまた、人生に影響を与えた「贈るおばさん」をまざまざと思い出す。踏み越えていくべき父性とも、臍《へそ》の緒で繋がった母性とも異なる、おばさんというほか呼称を持たない、その他の女性たちのことを。

私自身が思い出す個人的な体験は、小学二年、七歳の夏のことだ。富士山麓にある大叔父の山荘で、萩尾望都『ポーの一族』を読んだ。竹宮惠子、山岸凉子、和田慎二、倉多江美なども読んだ。当時二十代だった親戚のおねえさんたちが、少女漫画コミックスの蔵書を実家からごっそり移していたのだ。私が生まれる前に刊行された、「花の二十四年組」と呼ばれる作家陣を中心とした一大コレクションだった。

短い滞在期間中、私はその書棚がある小さな部屋からほとんど一歩も出なかった。せっかく大自然の中へ来たのに散歩の誘いすら断り、連日引き籠もって昔の漫画を読んでは感涙に咽《むせ》んでいる私を、両親は不気味がった。蔵書の主である大叔父の娘たち、私から見ると従叔母《いとこおば》にあたる姉妹は逆に、「あなたの年齢でこれらの作品の面白さが理解できるのは、素晴らしいことだ」と言って、別れの日、私に抱えきれぬほどのコミックスを持たせてくれた。

「おねえさんたちの大事な漫画でしょ！」と慌てて固辞したのだが、東京へ向けて出発する自動車の窓から、手元に押し込まれるようにして渡された。「これは、今はもう、私たちよりもあなたにとって必要なものだから」と姉妹は言った。ほどなくこの従叔母たちはそれぞれに結婚し、帰京した晩に私が抱いて眠った『ポーの一族』フラワーコミックス版は、擦り切れるまで読み返してぼろぼろになった今も、自宅本棚の一番手前に並んでいる。

このエピソードを人に話したら、「菅原孝標女《すがわらのたかすえのむすめ》みたいですね！」と驚かれた。コミックスの山を譲り受けた小学生当時はまったく知らずにいたのだが、長じて『更級日記《さらしなにっき》』を読んだときには私も、まるで他人という気がしなかった。親戚の「おばさん」からフィクションの読み物を贈られて、オタクとして開眼する少女。一千年前も三十年前も、その姿はまったく変わらない。

『更級日記』は、平安時代中頃を貴族女性として生きた菅原孝標女の手による、自身の人生の回想録である。文化の中心である都から遠く離れた地方で育った十三歳の少女は、「世の中に物語といふもののあんなるを、いかで見ばや」と興味津々。とくに、継母や姉たちから伝え聞く『源氏物語』の華やかな世界に強く惹かれている。等身大の薬師仏を造り、「京にとく上げたまひて、物語の多くさぶらふなる、あるかぎり見せたまへ」と、即物的な煩悩をぶつけて祈りを捧げたりもする。

やがて念願叶って上京が決まり、長旅の末に辿り着いた都での生活が始まった。田舎よりもずっと融通のきく環境へ引っ越して、実母や親戚の女性の伝手《つて》を辿り、少しずつ冊子類を手に入れていく。だが、繰り返し読んでいた『源氏物語』の続きがなかなか手に入らない。またもや仏様に頼って祈りを捧げ、やっとゲットした『源氏物語』全巻は、「おばさん」からの贈り物であった。

〈をばなる人の田舎より上りたる所にわたいたれば、「いとうつくしう生《お》ひなりにけり」など、あはれがりめづらしがりて、帰るに、「何をか奉らむ。まめまめしき物は、まさなかりなむ。ゆかしくしたまふなる物を奉らむ」とて、源氏の五十余巻《まき》、櫃《ひつ》に入りながら、在中将《ざいちゅうじょう》、とほぎみ、せりかは、しらら、あさうづなどいふ物語ども、一《ひと》ふくろとり入れて、得て帰る心地のうれしさぞいみじきや。〉

かわいい姪のために大量の物語類をどっさりと授けてくれた、おばにあたる人物には名前がない。「何をか奉らむ。まめまめしき物は、まさなかりなむ。ゆかしくしたまふなる物を奉らむ」と掛けられた彼女の言葉は、「何をさし上げましょうかね。実用品などはつまらないでしょう。あなたが欲しくて欲しくてたまらないものをさし上げましょうね」という意味だ(川村裕子編『ビギナーズ・クラシックス日本の古典　更級日記』)。

いずれ結婚して家庭を築く娘のため、実生活に必要なものを手配するのは女親の役割である。いつの世も、母は娘に「まめまめしき物」を用意する。それは金品であったり一般常識であったり、あるいはちょっとした家事のテクニック、俗に「花嫁修業」と括られるような種々雑多な能力であったりするだろう。自分と同じくよき妻、よき母となれるよう、辿ってきた同じ道程を示しながら、母は娘が大人になるための準備を調えてやる。

一方のおばさんは、「私があなたへ贈るのに、あんまり実用的なものは、よくないでしょう」と告げる。お母様とはまるで別のものを贈りましょう、そしてあなたに何が起こるか見てみましょう、と現実世界を離れて夢に遊ぶための装置を授ける。娘の成長に大きな責任を負わず、後に及ぼす影響についても深く考えず、ただただ好きなもの、欲しいものを贈って、ワクワクするような楽しみを共有できるのは、「母とは違う女」の特権と言えるかもしれない。

考えてみたら、カボチャの馬車だってそうなのだ。フェアリーゴッドマザーは、継母や姉たちにいじめられている段階ではシンデレラにまったく手を貸さない。彼女が心から望み、しかし継母が買い与えなかった「ゆかしくしたまふなる物」が具体化したところで、気前よくそれをプレゼントして、夜遊びに送り出してやるだけだ。まめまめしく着実に上るべき大人の階段とは別の次元に開かれた、もう一つの夢の扉。そこをくぐってシンデレラは舞踏会へ出かけ、菅原孝標女は、趣味に耽溺《たんでき》する人生へと大きく舵を切るのである。

后の位とオルタナティブ

前段のオタク女子っぷりばかりが取り沙汰されがちな『更級日記』だが、続きもなかなかに読みごたえがある。中年期以降の彼女は、物語にばかりうつつを抜かし、世の貴族女性が果たすべき務めをおろそかにしていた少女時代を深く反省し、「もっと真面目に勉強しておけばよかった」と繰り返し後悔の念を綴っている。

若い頃から兆しはあった。夢の中に代わる代わる高僧たちが現れては彼女を叱り、法華経を習え、天照大神を祀《まつ》れ、つねに信心深くあれ、と忠告を残していく。でも『源氏物語』という「沼」にどっぷりハマっている彼女は、若いうちはそうしたお告げをまったく気に留めない。三十二歳にして初めての宮仕えが始まり、あっという間に結婚も決まり、忙しく生活に追われる中で、じわじわと厳しい現実に直面することになる。光源氏のような素敵な殿方との熱烈な恋なんてどこからも降ってこないし、宮中でキャリアウーマンとして成果を残せたわけでもない。自分はどうやら、夢物語に描かれているプリンセスには、なれないようであると。

若い頃にもっときちんと信心深く勉強していれば、と悔やみつつ、三十八歳からは祈願の旅、物詣でに勤しんで、夫のため、子供のために、妻として母として献身的な姿勢を見せる。そして夫を喪い一人きりとなった終盤では、「姨捨山《おばすて》」に捨てられた老女たちに自分の姿を重ねて歌を詠む。ロマンティックで夢見がちだった少女が、どこにでもいる「おばさん」として人生に幕を引くまでの約四十年間を綴った、赤裸々なプライベートエッセイである。

中二病まっさかりの自身の黒歴史を自虐的に開陳しつつ、未来を生きる少女たちに「私のようにはなるんじゃないぞ」と釘を刺す内容のようにも読める。今更反省しても取り返しがつかない、だが、望むものを得られなかった人生というわけでもない。それが証拠に菅原孝標女もまた、「シンデレラなんかになりたくない」と歌っている。おばさんからの贈り物を持ち帰って読み耽《ふけ》るくだりだ。

〈はしるはしる、わづかに見つつ、心も得ず心もとなく思ふ源氏を、一の巻よりして、人もまじらず几帳《きちょう》の内にうち臥して、引き出でつつ見る心地、后《きさき》の位も何にかはせむ。
（胸をどきどきさせながら、今まではほんの少ししか読めなかったので、筋がつかめずいらいらしていた『源氏物語』を最初の巻から誰にも邪魔されず、几帳のなかで臥せって、一冊一冊取り出して読む気持ちといったら、楽しくてうれしくて、后の位なんか全然問題になりません。）〉

当時の貴族女性たちにとって最高に価値があるとされていたヒエラルキーの頂点、天皇の妻という地位よりも、物語を読むという個人的な幸福のほうがずっと大切なのだ、と言う。思いきり好きに過ごせる時間の喜びに比べたら、レディメイドの「女の幸福」なんてマジ無価値じゃんね、と。

いつの世も、大半の女性は「プリンセスにはならなかった人生」を歩む。白紙の未来を約束された少女として始まり、止むに止まれぬ時流のなか、選択の連続で自身を規定しながら、中年として一般社会と関わることで形作られていくのが人生だ。そうして死を迎えるとき、巡る走馬灯の大部分は、私ってごく普通の「おばさん」だったな、と総括されるような時間だろう。三十五光年離れたマール星のルルロフ殿下のお妃候補にでもなったりしない限り、誰だってそんなものだ。

だがその中に、少しでもきらめきは残っているだろうか。晩年にさしかかりつつある中高年期、少女時代を振り返って回想録を書くときに、「お后様になるよりもずっと豊かな時間を過ごした」と綴れる女性が、いったいどれだけいるだろう。菅原孝標女は、紛れもなくその一人だった。

思い通りには運ばない人生、実生活での苦労も多かったことだろうが、それでも彼女は、紫式部や清少納言と並ぶ平安女流日記文学の担い手として後世に名を残している。少女時代に『源氏物語』という宝物を授けた年配の同性の導きが、彼女に筆を執らせ、そして一千年近くも文学史に名を刻む、『更級日記』の作者としての未来を与えた。その女性とは、実母や継母ではなく、本人自身は歴史に名を刻むこともない、名も無きおばさんだったのだ。

与えられたゴールを越えて

従叔母たちが私に少女漫画の蔵書を譲ってくれたとき、「私たちは、もうお嫁に行くから」という一言が添えられていた。時は昭和末期、バブル全盛期。平安時代とさして変わらず、女の一生は結婚出産を境に大きく転換すると信じられていた、昔むかしの物語だ。

純白のウエディングドレスを着て地元のホテルの宴会場で派手な結婚披露宴を催したら、そこが少女時代の終焉。あとはガラスの靴を脱ぎ、エプロンをつけて家庭に入り、良妻賢母として、外の社会からは見えない存在となっていく。そんな筋書きの「女の幸福」が、めでたしめでたし、当たり前のものと見做《みな》されていた時代である。

大人になったら子供じみた漫画を読むのはやめるもの。職場であれ家庭であれ、女性は男性以上に「実用性」の高いスキルを身につけて、社会貢献に邁進《まいしん》すべきもの。お気に入りのぬいぐるみ、レースにリボンのお洋服といった少女時代のロマンティックは親元へ置き捨てて、二度と振り返られることはない。母も祖母も曾祖母も、そうやって少女時代に別れを告げてきた。おそらくは菅原孝標女も、晩年に『源氏物語』を読み返す機会はほとんど持たなかったことだろう。

ところが私は四十歳を過ぎた今も、夫婦の寝室、仕事用の本が並ぶ棚に、七歳で譲り受けた『ポーの一族』を並べている。成人することを、お嫁に行くことを、少女でなくなることを、一時代前までの女性たちのようには受容できぬまま、この年齢に至った。女に生まれたら学問は諦めろとか、働き続けるなら産むのは諦めろとか、家庭に入ったら趣味を捨てろとか、何かを得るためには何かを手放さなければならない、という思想に、どうしても納得がいかなかったからだ。どちらが善いか悪いかではなく、ただ「まめまめしきは、正無《まさな》し」（実用だけじゃ、イケてない）との心持ちがする。

私たち「新しい女の子」は、母や祖母や曾祖母とは違う時代、「后の位」のオルタナティブを生きるのだ、絶えずアップデートされ続ける『シンデレラ』や『眠れる森の美女』のように、まだ誰も見たことのない最新版の物語を生きるのだと、信じていた。そして抱えきれるだけのものを抱えて今、私は「おばさん」期の玄関口に立っている。

学校を出て、実家を出て、仕事を得て、結婚もして、だけど旧姓を使い続けるし、老婆になっても少女漫画を読み続けたい。招待状が来なければ自分で舞踏会を開催するし、十二時を過ぎて朝帰りもするし、ハイヒールが痛ければ、脱いで裸足で歩いていく。どんな新天地へ旅立つとしても、従叔母たちから譲られたあのバイブルを、諦めずに全部スーツケースに詰めて持って行ける人生を歩みたいと思う。毒となりかねない親からの訓戒以上に、名も無きおばさんたちから贈られた無責任な「ゆかし」のほうが、不思議と信頼に足る気がする。

かつて贈られる側の少女であった我々の次なる使命は、下の世代へとバトンを渡すことだろう。はてさて、何をか奉らむ。なるべく善いもの、悪くないもの。夢の扉を開き、家庭や学校では起こり得ないケミストリーを引き起こすもの。それはきっと、目先で役立つものではなく、もっと観念的に、不特定多数へと還元されるものであろう。物事が実用と無益とに仕分けされがちな社会において、そしてその二分にいとも簡単に善悪のレッテルが貼られがちな社会において、敵でもなく味方でもなく、斜めに継承するシスターフッドであろう。手渡したインスピレーションを受け取った少女たちにとって、存在そのものがギフトであるような、そんな「おばさん」になれたなら、后の位も何にかはせむ！

そうして小さな妹たちへの贈り物を夢想するときに、立ちはだかるのが「母」の壁である。天涯孤独の森のプリンセスではない、生まれ育った家系に縛られた平凡な女の子たちにとって、最も身近な同性といえば、どうしたって実母であることが多い。娘たちの周囲には、「ゆかしくしたまふなる物」よりも「まめまめしき物」が蓄積されていく。よき妻であれ、よき母であれ、求められる務めをすべて果たせ、とびっしり書き込まれた、やることとリストだ。

抑圧された少女たちが、高すぎる壁の向こうを目がけて発する「お母さん、大嫌い！」という叫び。その声を聞き届けてやるのもまた、「おばさん」の重要な役割と言えるだろう。縦に繫がった母娘の関係性から遊離し、その血の轍《わだち》を逃れるのに加勢してやる存在だ。おばさんは、姪に鋭く光るナイフを手渡して親子の絆を斜めに斬りつける、「非・おかあさん」でもあるのだ。

第二部

母とは異なる価値観の提示

自由を生きる
非・おかあさん

産む人生、産まない人生

二〇〇八年、当時二十代だった人気歌手がラジオ番組で「三十五歳を過ぎると羊水が腐る」と発言して物議を醸し、のちに撤回謝罪した。この騒動のとき、少々驚かされたことがある。それは「羊水腐る」発言に対し、高齢出産の成功事例を挙げて反論する人が少なくなかったこと。つまり、「閉経前ならいつでも産める」という誤った認識のままこの不適切発言を非難する男女が、案外多かったことである。

実際には、女性の加齢とともに三十代から妊孕《にんよう》力は低下していく。日々新たに作られ続ける精子と異なり、卵子は女性が生まれたときから体内にあって、肉体と一緒に老化する。あらかじめ数が決まっているし、定期的に体外に排出される。卵子の残存数が受精可能期間を規定して、高齢化に伴って流産のリスクも高まる。たとえ羊水が腐らなくたって、女体にタイムリミットは訪れるのだ。十三年前に比べれば、近年はこうした啓蒙も進んだ。早め早めの妊活を勧める医師、不妊治療が難航する中年夫婦の姿、若いうちに卵子を凍結保存する方法が、繰り返しメディアで報じられている。

産むか、産まないか、産むならいつか。初潮を迎える前後から、私たち女は執拗にその問いをぶつけられて育った。ハーバード大学を卒業して外務省に入省し、一九九〇年代前半には若く有能なキャリアウーマンの「象徴」的な存在であったあの小和田雅子氏さえ、結婚後はこの問いに苛《さいな》まれ、適応障害にまで至ったとされる。私は彼女の人生を一八〇度変えてしまったその新婚生活を遠く眺めながら思春期を過ごした世代だ。同時期に憧れをもって眺めていたもう一人の女性、文筆家でのちに音楽レーベル社長となった長谷部千彩は、エッセイでこう書いている。

〈想像してみたことがある。／将来、私はどんな大人になるのだろう。／きっと結婚しているると思った。／子供がふたりいるだろうと思った。／メガネをかけて、もこもこのパーマをかけているんじゃないか、と思った。〉（「ボニー・パーカーの昼寝」、『memorandom』二〇一四年十二月十五日更新）

映画を観ながら育った女の子が、いつしか大抵の映画ヒロインよりも年上になった。そうして、物を知らない六歳のとき想像したのとはずいぶん違う大人になった、という。かつて『有閑マドモワゼル』というタイトルの本でデビューした著者も、今は「おばさん」の年齢に達している。けれどもメガネはかけていないし、もこもこのパーマもかけていない。そして、

〈お母さんにはならなかった。〉

産むか、産まないか、産むならいつか。かつて私の体内を逆巻いていた葛藤は、潮のように引いている。子供が欲しくてたまらない時期もあったが、婚家が皇室だったりはしないので、産んでも産まなくても雅子さまのようには騒がれない。そして長谷部千彩のように、自分もいずれ静かに「お母さんにはならなかった」人生を選択するのだろう。否、もうとっくに選択しているのではないか……。行間を味わいながら、予感が確信に変わった。

この文章を読んだとき、私は三十五歳になるところだった。

母ならざる者を持て余す社会

聖母マリアが大天使から受胎告知を受けてイエスを身籠ったのは、十代前半と言われている。はっきり記録が残っているわけではなく、時代背景からの推定だそうだ。かつて女たちは「少女」から突然「母」となり、多くは「老婆」と呼ばれる年齢に至る以前にこの世を去った。

二千年後の現在は、中高年も「母」となる。二〇一八年六月、ニュージーランドの首相ジャシンダ・アーダーン（当時三十七歳）が在任期間中に女児を出産して産休を取得した。その半年後、Netflixのドラマ『ハウス・オブ・カード 野望の階段』では、米国初の女性大統領がやはり在任期間中に推定五十代で出産するというエンディングが描かれた。現代のスーパーウーマンは、父なる神から選ばれて処女懐胎する代わり、みずからの手でキャリアを築き上げてから、万全の態勢で計画高齢出産を選ぶ。二十一世紀の少女たちには、私が眺めていたのとはまるで違う「象徴」が用意されている。

女親が十代でも三十代でも五十代でも、生まれた赤子が母を求めて産声を張り上げることに変わりはない。職場ではマダム・プレジデントと呼ばれる女性も、育児の現場では「○○ちゃんのママ」と識別されることだろう。全身から生活感を放つ経産婦は、配偶者からも「かあちゃん」と呼ばれ、赤の他人から「ちょっとちょっと、そこのおかーさん！」と親しげに呼び止められもする。まったく産んだ憶えのない他人にさえ「母」と見做され、慈愛の微笑みを返す。これぞ麗しい母性愛。

一方で、それぞれの事情で産まない人生を辿った「非・おかあさん」たちには、ちょうどいい呼称がない。お嬢さんと呼ばれるには年をとりすぎていて、ババアと呼ばれるにはまだ早いのに、いつまで経っても「おかあさん」にならない。「産めよ殖やせよ地に満てよ」と発展してきた人類は、産んだスーパーウーマンを歓待こそすれ、産まない普通の女性たちの扱いには、まだまだ手をこまねいているように見える。

かつて結婚せぬまま齢を重ねた中年女性は、嫁《い》かず後家、老嬢《オールドミス》、ハイミスなどと呼ばれていた。共稼ぎで子供を持たないカップルは「DINKs」（Double Income No Kids）だが、これは女だけを指す言葉ではない。ぴったりの表現が見つからないとき、または、発明されても時代とともに廃れてしまったとき、「非・おかあさん」はさしあたって「おばさん」と呼ばれる。

未婚でも既婚でも、産んでも産まなくても、善人でも悪人でも、高額納税者でも無職でも、我らはみな同じ中年女性。六歳児が空想した「メガネとパーマをかけて水色のエプロンをした二児の母」も、そうはならなかった現在の長谷部千彩も、そんな彼女のInstagram投稿を追いかけている私も、辞書的な意味では誰もが等しく「おばさん」のはずだ。ところが、旧来型の家族観では分類不可能な女たちばかりを「おばさん」と呼び慣わしているうちに、この言葉は極めてネガティブな響きを持つようになった。

だっておばさんはおばさんじゃん、との薄ら笑いを一枚ずつ剝がしながら芯を探っていくと、社会を回すのは男たちで、女たちはそれを支える、若くて活きのいい聖なる「母」としてのみ存在すればよい、との潜在意識に行き当たる。呼んで笑う男も、呼ばれて嫌がる女も、対象への同じ差別感情を共有しているのだ。なるほど、「産む機械」としての生産性が低い、どんな雄からも生殖活動の対象と見做されない、「母」が務まらぬ女は、世が世なら姨捨山へ捨てられたことだろう。

しかし、そんな時代は終わったと信じる者の一人として、私は現代社会が今なお素知らぬ顔で「おばさん」に侮蔑のニュアンスをまとわせている事実を耐え難く感じる。生物学的な「母」とは異なる立場から次代の子供たちを養育する老若男女の構成員もまた、社会にとって必要不可欠な存在ではないだろうか。

たとえば『更級日記』の作者・菅原孝標女に「ゆかしくしたまふなる物」こと『源氏物語』を贈って彼女の人生を拓いたのは、「おばさん」であった。おばさんは、実母が授ける実用品「まめまめしき物」とは異なる価値観を授ける。「母の娘」を揺り起こし、母とは違う道を歩むためのインスピレーションを与える。これは「非・おかあさん」、養育の代償や血縁の見返りを求めない代母《ゴッドマザー》だからこそ果たせる役割と言える。

『ヌマ叔母さん』（一九五五年発表）をはじめとする野溝七生子《のみぞなおこ》の小説作品群もまた、親ではない、親のような、しかし親とは決定的に異なる大人の姿を描いている。家父長制を敷く社会集団の中で「非・おかあさん」のライフスタイルを貫き通したおばさんが、姪へ手渡す銀の万年筆。それは母－娘の呪縛へ投じられた退魔の弾丸であり、大人になっても絡みついたまま離れない臍の緒を、斜めに断ち切るナイフである。

『ヌマ叔母さん』の真珠と空気と万年筆

ヌマは軍人一家の九人きょうだいにおける「中つ子」で、年の離れた長兄のところへ娘の鳰子《にほこ》が生まれると、十二歳の幼い叔母として子守を命ぜられる。だが、赤子をうまくあやす母代わりを務められなかったこの少女は、長兄の嫁・京子たちから「悪い娘」だとの烙印を捺される。背負っていた姪をつねった、古井戸へ投げ込もうとした、という作り話に尾鰭《おひれ》がついて、まことしやかに親戚の大人たちに広まっていく。

親の援助を受けて大学へ進み、外国で暮らすヌマを妬ましく思う親類の女たちは、その後もさらに悪い噂を撒いていく。我が子を躾けるときには、「静かにしないとヌマ叔母さんが来て、あなた方をつまんで古井戸に投げ込みますよ」と脅す。ヌマ叔母さんは、蝙蝠の黒い翅に火の目玉、驢馬の耳に禍々しい角が生えた魔物です。火掻き棒のような爪で甥や姪たちをつまんで食べてしまう、人喰い鬼なのですよ。

第二次世界大戦で多くの男たちが死に、ヌマの実家は、京子をはじめ他家から嫁いだよそものたちが「母」として牛耳る女系の家へと変容した。そこへ一時帰国したヌマ叔母さんは、後から生まれた子供たちとは実質初対面である。黒いレースのボンネットに毛皮のコートをまとった優しそうな女性を見て、末の姪・阿字子《あじこ》が「叔母様は人喰ひ鬼ぢやありませんね」と口に出して驚くので、それまでヌマを悪しざまに言ってきた大人の女たちは赤面する。

一番上の姪・鳰子は、再会したヌマ叔母さんが、もう自分を特別扱いしないことに気づく。まだ彼女が阿字子と同じ幼い少女だった頃、外国へ旅立つ直前のヌマは、ハンドバッグから取り出した銀の万年筆を贈ってくれたことがあった。しかし、母・京子に聞かされた古井戸の話をすっかり信じていた鳰子は、「こんなものいりません。母さんに云へば、いくらでも買つて下さいます」と拒絶して、投げ返してしまったのだ。

その後、母が選んだ相手と結婚して子供を産んだ鳰子は、復員した夫から実家へ送り返される。実母を家長とする女たちの系譜に組み込まれ、その軛《くびき》から逃れられなかった鳰子は、「ああ、何も知らなかつた素朴の人生」と我が身を嘆く。

　裕福なヌマから経済的恩恵を毟《むし》り取ろうと画策する女たちは、ヌマ一人を悪者にして遺産の再分配を求め、自己正当化を続ける。ある年若い未亡人が良心の咎めから、そこへ異論を投げかける。敗戦後の日本を生きる小さな子供たちには、ヌマ叔母さんが隠し持つという真珠の首飾り以上に、たっぷりの新鮮な空気をこそ、送ってやらなければならない、と。

〈「おお、私達、ほんとに今日まで子供を愛したことがあつたでせうか。世間体や外見や、流行や大人の嫉妬や嘘や虚栄心で子供を窒息させたことは唯の一度もなかつたでせうか、あらゆる愛情には倫理《モラル》がなくてはなりませんわ、それだのに、母性愛と称するものだけは、この恐るべき自我《エゴイズム》の激情を以つてそれが最高のモラルでもあるかのやうに錯覚されてゐるんです、（略）」〉

　彼女の言葉を聞くなり、鳰子は「ああ私も空気が欲しい」と思う。他者を蹴落として幸福を摑めと説いてきた実母の京子は、戦争前にはピアノも夫も買い与えてくれたけれど、だったらどうしてこんなに息苦しいのか。母の教えに従ってきたはずが、我が子に空気を与えるどころか、自分自身だって楽に呼吸ができない。

　空気が欲しい。それは一個の人間としての自由。金品以上の豊かさをもたらす生きる糧。母性愛の窒息から我が身を助けるための、知の力だ。生きているのが嫌になった、と目を瞑った鳰子は、倒れている自分に誰かが防毒面《ガス・マスク》を被せてくれる、という白昼夢を見る。送気管のポンプを動かしているその人影は、ヌマ叔母さんだ。「母」に潰されそうな自分に、遠くから空気を送ってくれる人は「おばさん」だったのである。

一族の中で戦争を生き残った男は、阿字子の父にあたる、ヌマの末弟だけだった。自活する術もなく途方に暮れる女たちのなか、男の自分が一人こうして死なずにいただけで十分ではないか、と前向きな未来を語る叔父に、鳰子は懺悔《ざんげ》する。

〈「私、何より先にお宥《ゆる》しが欲しいのですわ、ヌマ叔母様からお宥しが欲しいのですわ、私、小さい時、一度、あの方からの贈り物を投げ返したことがあるのです。母さんのお金では決して決して買へないものでしたわ、あの方のお宥しがなければ、私だけは、もうどんな贈り物もあの方から受ける資格はありません」〉

そうしてヌマ叔母さんはまたどこかへ姿を消してしまう。真珠や宝石がぎっしり詰まっていると言われていたが本当は空っぽのトランクを提げて。また外国へ戻ったのだという風の噂を残して。

お母さん、大嫌い！

一八九七年に陸軍大佐の娘として生まれた野溝七生子は、二十代で作家デビューを飾り、戦後は東洋大学文学部教授の職を定年まで勤め上げ、森鷗外の研究を続けた。代表作といえば長編『山梔《くちなし》』（一九二六年刊）や『女獣心理』（一九四〇年刊）が挙げられるが、短編全集『暖炉』に収録された小品もまた、一字一句から強烈な個性がほとばしる。

その多くが、自伝小説と呼ぶにはロマンティックで、少女小説と呼ぶには赤裸々に生々しい。父や兄が支える大家族を軸に、馴染みの登場人物がヌマと呼ばれる「私」を取り巻き、各作品がゆるいつながりを帯びている。長い長い演劇的な独白が頻出し、時代がかっているが今日的で、童話のような、私信のような、不思議な創作である。「世が世ならば少女漫画家として大いに名をなしていたかもしれない」という矢川澄子の作品評が、無根拠なようでいて最もしっくりくる。

三人称で進行し、読者への語りかけで終わる『ヌマ叔母さん』ではぼかされていた詳細が、死んだ姪へ呼びかける『在天の鳰子に』（一九七八年発表）では克明に描かれている。八歳頃から子宮筋腫を患っていた「わたし」は、手術で卵巣を片方摘出し、「石婦《うまずめ》になった」。ところが、大学在学中に書いた長編小説が新聞に載ると、男性記者との間に私生児を産んだ女小説家、との噂を立てられたりしてしまう。怒りのあまり彼女は、独り棲みの台所の土間で珈琲茶碗を叩き割る。

「産む」ことで繋がる家系図の中にあって孤高の「非・おかあさん」として生きるヌマ叔母さんは、こうして繰り返し、「産む」を取り巻く世間の邪悪、親子関係ばかりを神聖視する言説から我が身を切り離す。『沙子死す』（一九四八年発表）では、病身を押して中絶を繰り返しながら子を産み続けて死んだ親友・沙子の代わりに、「男の子生むまではやめてはいかん」と言った婚家の姑を「気ちがひだ」と罵り、キレ散らかす。

「阿字子がどうなるんだか、私は知らない。」という捨て鉢な一文から始まる短編『緑年』（一九五〇年発表）でも、知らないと言い放ったその幼い姪が、伝統的な家族制度の代弁者である親戚の女たちに囲まれて育つ行く末を案じている。

〈これだから、大人は、女は、嫌ひだつていふんだ。種族保存の孵卵器、牝《めす》、身びいき、親戚の身内といふのが一等いけない。〉

家長の血を引く子を産むことで権力を摑んでいく母たちは、巧みな心理戦で婚家の人間関係を支配する。胎内に宿した分身だ、と母子密着してみたり、所詮は他人だ、と冷たく突き放してみたり。愛を乞う幼子は操り人形のように親のエゴに振り回され、自発呼吸もままならぬ絶対服従を強いられて、いつしか飛ぶことも走ることもできなくなってしまう。「あなたのためを思って」という歪んだ愛こそが、呪詛《じゅそ》のように我が子の可能性を制限するのだ。傍目には幸福そうに見えるその不幸が、ヌマ叔母さんには耐えられない。

〈私だつて綺麗な着物を着せられて、甘美なお菓子を山積みにして、御飯なら毎度咽喉につつかへるほど食べさせられてゐたんだ。そんなの子供の幸福だと思つてゐるその大人のモラルが、私達子供を不幸にしてゐるんだ。そんなものに自分は毒されてゐながら、母親なんて残酷だ、（略）哀れな子供の心を切りさいなんでゐる、嬲つてゐる。〉

他家の子供たちへ惜しみなく愛を注ぐヌマは、賢い鴆子を、優しい沙子を、若くして死に至らしめた「毒」が許せない。それは家父長制的家制度、血統を重んじる集団主義、あるいは、男女問わずその構造に加担してきた者たちの自己正当化である。

母から娘へ、姑から嫁へ、子を贄《にえ》として差し出すことで継承されてきた縦方向の呪力を、ヌマは斜めの位置からぶった斬って無効化する。父の折檻、兄の女性蔑視と同じくらい、同性が我が子へ傾ける権力支配を断罪する。そうできるのは彼女が仲間内で「ハイペシア」（＝ヒュパティア、ローマ帝国末期の女性哲学者）と渾名されるほどの才媛だから。そして、いつまでも少女目線で怒りを燃やし続けていられるのは、「お母さんにはならなかった」からである。

〈私のこと、母親でもない癖につて云ひたいんだらう？　さうよ。私は子供さ、永久に子供である私は、より年若い、幼い子供達が直感するところを、私が代弁して、べらべらまくし立ててゐるのよ。誰が生んで下さいつて云つた？　さあお母さん、あなたが親子のモラルを新しく創造すればいいのだ。それがあなたへの私のお返事よ。〉

『緑年』に描かれる阿字子は「お母さんの一番必要な時に、お母さんなしで大きくなつた」「小つぽけな時から、もう独立不羈の性情を養つて来た」新時代の少女だ。自伝的小説『山梔』のヒロインと同じ名前で、作中でも「私」（ヌマ）が名付け親《ゴッドマザー》ということになっている。

成長するにつれ家族関係に軋轢《あつれき》をおぼえ、母の連れ子である異父姉と喧嘩が絶えない阿字子は、「伯母様、親を批判してはいけませんか」と訊ねる。ヌマはこの姪を人けのない裏山へ連れ出して、言いたいことを大声で言いなさい、と促す。

〈「私、お母様大きらひ、お姉様、大きらひ。私、どこかに行つてしまひたい、うちになんぞ居たくない、こんな家大きらひ、大嫌ひ」〉

おばさんは、母娘の愛憎を相対化し、一般化して、俯瞰の視点を授ける。自分から母を断ち切ることが難しい娘たちに寄り添い、斜めの位置から送気管でたっぷりの新鮮な空気を届ける。誰にも明かせない葛藤、「お母さん、大嫌い！」という魂の叫びを、傍らで聞いてやる。井戸端に集まる噂好きな「家」の「牝」たちに何と言われようが、姪たちが模索する新しいライフスタイルの創造に手を貸してやるのだ。

お金と、自分ひとりの部屋と

家族の中に居場所が見つけられない阿字子は、十二歳の夏、突然単身でヌマの元を訪ねてくる。その一年前に「私ね、小さい清潔な一軒家に独りで住みたいんです、たつた一人で」と語っていた将来の夢は、伯母の生活に倣ったものだ。生家に同居する「おかあさん」とは違う、「非・おかあさん」だけが見せられる、新しい女の生きざまがある。それは親元を離れ、外国で、都会で、経済的に自立して、蔵書に囲まれた埃だらけの散らかった部屋で、猫と一緒に気ままに暮らす、独り居の姿である。

野溝七生子自身、一九五〇年代半ば、五十代後半からは、新橋第一ホテルを定宿とする独居生活を続けていた。その様子は、追悼の書『野溝七生子というひと　散《あら》けし団欒《まどい》』（一九九〇年刊）に詳しい。著者の矢川澄子は少女時代から野溝と面識があり、「なァちゃん小母さん」と呼んで慕っていた彼女の墓前に、執筆の動機をこう語りかける。

〈家とか血縁とかいった絆をあえて斥け、ひとりで生きたいように生きて死んでいった大先輩がここにもいますよ、ということを、もすこし世の人びとに知ってもらいたかった。とりわけこのところわたしたちの身近にも目立ってふえはじめた、そのようなさびしい健気な同性たち、いわば第二、第三のあなた、もしくはあなたの小説の主人公の末裔たちに。〉

矢川澄子が野溝七生子を頻繁に訪ねたのは、七〇年代半ばのこと。近くまで来たから、などと小さな嘘をついて、深夜十一時近くに立ち寄ったこともあるようだ。

〈新宿かどこか、知人のたむろしているバアへでも行けば、それなりに気はまぎれたかもしれません。でも、足はおのずと新橋をめざしていました。こんなときに、大都会のまんなかの、いつ立寄ってもおかしくないところにあなたが単身いてくださることは、わたしにとってどんなに有難かったことか。（略）昼間のにぎやかさとは打って変って、薄暗い、人影もとだえがちなロビイに、すたすたと草履の音をひびかせてあなたの和服すがたがあらわれたとき、わたしはああ、このひと、ほんとに好ましい、とあらためて思いましたよ。（略）少なくともわたしのいちばん欲《ほ》り求めたこと、――おのれのひとりの道をしゃっきりと全うして、その自由の代償として得たすがすがしい孤独に生きているのだから。〉

六〇年代末に澁澤龍彥との離婚を経て一人暮らしを始めた矢川澄子は、「なァちゃんみたいな暮し」をささやかな目標にしていたという。

〈こちらはかけだしの筆一本で、（略）一度、あなたに直接たずねてみたことがあります。わたしもだいたい、月収三十万くらいになれば、小母さまみたいなホテル暮しができるかしらん、と。（略）もちろんよ、できるよ、となァちゃんは大きくうなずいて保証して下さいましたっけ。〉

女一人で稼いで暮らす。阿字子がヌマに告げた将来の夢と同じだ。「女性が小説を書こうと思うなら、お金と自分ひとりの部屋を持たねばならない」「一年に五百ポンド、みなさんの才覚で稼ぎ出してください」という、ヴァージニア・ウルフの言葉をも思い起こさせるやりとりである（『自分ひとりの部屋』片山亜紀訳）。

野溝七生子は一九八三年にホテルから高齢者療養病院へ移り、一九八七年に九十歳で生涯を終えた。矢川澄子が「すべての妹たちへ」と題した遺書を残して亡くなったのは二〇〇二年、雑誌「ユリイカ」の追悼特集には「不滅の少女」というフレーズが冠された。彼女もまた最期まで、お母さんには、ならなかった。けれど斜めに渡されるシスターフッドは続いていく。

かつて女にとって「大人になること」とは、母と同じ道を歩むことだった。産むか産まないかばかりがその線引きだった時代、ヌマ叔母さんはみずからを「永久に子供である」とした。だが、その末裔にあたる私たちは、ほとんど同じライフスタイルについて「大人として、多様な共同体の在りようを探っている」と表すだろう。縦の家族関係から距離を置く人生設計は、昔と違って今や珍しいものではないのだ。

外へ出て働き続ける女性、若さと健康に恵まれていても自由意思で産まない女性、最新医療技術を駆使して産みたいときに産む女性、家事労働を等しく分担する男女、自由恋愛にもとづく結婚と恋愛感情を介さない結婚と法の外にある事実婚、異性カップルと同じ権利と義務を負って養子を育てる同性カップル。伝統的家族観の規定を外れた中高年はかつて少数派だったが、これからの時代には皆婚社会の終焉とともに、多数派と入れ替わる可能性だってある。

それは降って湧いた新思想や、一時的に終わる社会現象ではない。よって、わざわざ特別な呼称を付けて時の流行語にする必要も感じない。今まで例外と切り捨ててきた「その他」のおじさんおばさんに、きちんと目を向ければよいだけだ。他者が望むあらゆる選択を尊重し、不平等が生じない社会制度を整備すればよいだけのことなのだ。

女の敵は女なのか？

二〇一九年五月二十九日、自民党の桜田義孝衆院議員が「結婚しないでいいという女の人が増えちゃった。ここにいる人は、（略）自分たちのお子さんやお孫さんには、最低三人くらい産んでくれるようお願いしていただきたい」と発言して物議を醸した。これは二〇一八年の加藤寛治衆院議員のスピーチ「新郎新婦には、必ず三人以上の子どもを産み育てていただきたい」を引き継ぐ内容で、さらには「女から女へ」その教えを諭すよう訴えるものだ。当日の会場に集まった者のうち、主に呼びかけられたのは、もう子供を産む年齢ではないが、娘や孫娘がいる女性。つまり「おかあさん」である。

少子化問題は女性の問題だ、産みたがらないのは女が悪い、未婚率の上昇も女のせいだ、「普通の」繁殖を続けてきた異性愛の男たちは何も悪くないんだから、女が女に生産性のノルマを守らせる責任がある、尊い義務を果たした敬愛すべき聖母たち、素晴らしい、素晴らしい、あなたの娘や孫娘が、また同じ「おかあさん」になるよう仕向けなさい。でなければ？　でなければ、あなたの娘や孫娘は、「おばさん」になって姨捨山行きだ。

翌二〇二〇年九月には、東京都足立区議会で「同性愛が広がれば足立区が滅びる」との趣旨の発言をした白石正輝区議が大炎上している。メディアではどの政治家も「失言」として報じられ、公的記録から削除されたりもしたが、撤回しても撤回してもこれだけ頻繁に新しく漏れ続けるのだから、ここは「本音」と呼んでやったほうが親切なのだろう。白石区議自身の言葉を借りれば、「なんとしても子孫の繁栄というものを基本にして物を考えないといけない」というのが、この国で長期政権を握る与党自民党の、射精したことはあっても出産はしたことがない、おじいちゃんたちの考え方である。一昔前なら賛同の声もあったかもしれないが、今はもちろん批判の声のほうが大きい。寝言をほざく老害には早くご退場願おう、との共通理解が得られつつあることに幾許《いくばく》か励まされる。

励まされるといえば、もう一つ。二〇一九年、ウェブ掲載された「週刊ポスト」の記事（五月三・十日号）が炎上した。第3号被保険者制度について〈共稼ぎの妻や働く独身女性などから「保険料を負担せずに年金受給は不公平」という不満が根強くあり〉、と記述したのが問題となった。第3号とは給与所得者の配偶者で年収百三十万円未満の者。ウェブ版の記事タイトルには〈「無職の専業主婦」の年金半額案も検討される〉との惹句が躍り、「働く女性vs専業主婦」の構図を煽るような内容だった。

厚生労働省の担当者が、毎日新聞の追加取材（五月八日付）に「働く女性の声を調査したことは（略）ない」と回答して事態は収束したけれど、ありもしない「女同士の対立」を捏造された世論の怒りは収まらない。Twitter上では「#働く女性の声」というハッシュタグが作られて、「そんな不満は述べたこともなければ耳にしたこともない」「年金半額どころか、家事労働には正当な対価を払うべきだ」といった反論が多く上がった。

古来、男社会は「女の敵は女」という言葉を好んで用いてきた。女だけの国で激しい内紛が起きれば、隣国にとって何かと都合がよいのだろう。どちらかの陣営に味方の顔して近づいて、適当に武器支援などしておけば、好きなだけ戦争を長引かせることもできる。「産んだ女vs産まない女」や「働く女性vs専業主婦」の泥仕合が始まれば、少子高齢化社会の根本的な原因や、年金行政の失策による財源不足から、世間の目を逸らすこともできる。「おかあさんvs非・おかあさん」の溝を深めれば、母性の軍勢が多数派を取って必ず勝つ。そんな小細工がまかり通る時代もあったのだろう。

しかし、平和で優等で先進的な「男だけの国」というものが幻想でしかないように、未開の地で死闘を続ける愚かな「女だけの国」だって、この世のどこにもありはしない。誰もが知の航海をして見聞を広められる現代において、そんな大昔の世界地図を信じる馬鹿はいいない。我々女性はもう、男性市民のガス抜きのためだけに闘技場で殺し合う見世物になぞ加担しない。代わりに抗議の声を上げるのだ。この世には、男も女もそのどちらでもない者も、対等に共生する境界線のない社会がたった一つあるきりで、我々は皆、等しくその市民であると。

二十一世紀の「おかあさん」と「非・おかあさん」は、不毛な対立を続けるのはやめにして、同じ社会を構成する納税者として連帯する。最低三人産んだか産まないか、なんて関係ない。ヒトの子は産み落とせば勝手に育つものではないし、多様性に欠けた生態系は脆弱性も高い。一握りの強者と産む機械だけで生産性を高めようとすれば、行き着く先は歴史の教科書に記されている通りだ。母だけで未来が育つと思うなよ。

あまつさえ、その「母」たちが、婚家からは男児を産めと言われ、電車やバスでベビーカーを畳めと言われ、職場からは復帰の道が無い、保育所からは空きが無い、あるはずだった年金さえも支給が無いなどと言われたら、専業主婦も、ワーキングマザーも、失業中のシングルも、不滅の少女も、おばさんも、一緒になってブチ切れて当然である。これだけ深刻な社会問題を他人事だと思っていられるはずがない。

産むか、産まないか、産むならいつか。初潮を迎える前後から、私たちは執拗にその問いをぶつけられて育った。人生の中間部分を「おかあさん」として過ごすか否かの選択は、今も変わらず女の一生を左右する。しかし分断の時代は終わりだ。産みやすい社会と産まなくてもよい社会とは同一である。あらゆる個人の自己決定が尊重され、家族像の多様化とともに子育てのフレキシビリティも向上する未来を目指していこうじゃないか。

経済的保障としての「真珠の首飾り」、窒息事故を防ぐ「新鮮な空気」、見返りを求めず唐突に贈られる「銀の万年筆」。ヌマ叔母さんの手元にあるのは、いずれも次代を担う甥たち姪たちを育てていくのに最低限必要なリソースだった。どれもが圧倒的に不足する世の中においては、産んだ「おかあさん」もバリバリ働き、産まなかった「非・おかあさん」も口を出し金を出し、ともに「おばさん」として連帯し、子供たちの未来を阻害する縦の宿痾《しゅくあ》をぶちぶち断ち切っていく必要がある。

父の息子たちが一番身近な親を倒してその屍《しかばね》を踏み越えていくのと同じように、母の娘たちもその手を振りほどき、「家」の外へと漕ぎ出していく自由がある。おばさんとは、そのためのリソースを与える側に回った女たちのことである。あなたがたはそこから必要な贈り物だけを受け取ればいい。銀の万年筆は投げ返したって構わない。二度と会えなくてもいちいち許しを乞うことはない。おばさんは、あなたの産みの母ではない。ただ、母親とは違うやり方をもって、あなたの生を祝福する。

おばさんは銀の万年筆を手に、独り居の宮殿で怒りの声を上げ、物を書きながら待っている。あなたがたはそこを好きなときに訪ねればいい。何十年後でも何百年後でも、ページをめくって彼女たちの生き様をひもとけば、答えを探るための愛の呪文が書きつけてある。ニューヨークのカフェで私の耳に飛び込んできた、あの言葉と同じだ。「So, what are your little sisters doing?」（で、小さな妹たちはどうしてるの？）

「すがすがしい孤独に生きる」女たちは時代ごとに次々とあらわれて、増えこそすれ減りはしない。物語は連綿と続いていく。血の繋がらない小母さんから魂で響き合う姪ッ子へ、女から女から女へ。彼女たちは「お母さん、大嫌い！」と叫ぶあなたの傍らに立ち、五百ポンドだ、三十万だと、深夜のホテルで入れ知恵をする。出ていこう。望む姿の大人になろう。新しい空気を吸い込んで、体内に流れる血を入れ替えて、産んでも産まなくても、あなたたち女の子は、何者にだってなれる。

遠くから届く身勝手な愛

薔薇と手袋、『五線譜のラブレター』

「あなたが考える素敵なおばさんは誰ですか?」と訊ねると、「年上女性なら誰でも『おばさん』扱いでいいの?」と訊き返されることがある。辞書的な意味では構わないのだが、「あの素敵な方を、私の口から『おばさん』などとお呼びするのは、ちょっと……」と顔を曇らせる人も少なくない。「うちはあまり親戚づきあいが無いから……」と言う人もいる。こちらは辞書的なもう一つの意味、親の姉妹やその他の親類を想定している。

おばさんによくしてもらった記憶がない、というのは無理もないことだ。親類縁者として接する「おばさん」の数には限りがある。誰も生まれてくる環境を選べないし、親戚づきあいの多寡は親の意向に左右される。親族だからって波長が合うと思ったら大間違いで、気の合う伯母や叔母がいようと交流が途絶えて接触機会に乏しかったりもする。

自分自身が「おばさん」と呼ばれる年齢にさしかかるとき、その手本となる女性像を身近に具体的に思い描ければ、苦労はない。オシャレで聡明で優しく、物心両面で甥たち姪たちを支援してくれる、打てば響く頼もしさの、素敵なおばさん。美しく閉じた円環のように完璧と見える聖なる家族像へ、外側から一石を投じて波を立てる人。周囲を見回して、そんなおばさんが一人か二人ほど見つかれば、奇跡にも等しい幸運なのである。

『五線譜のラブレター』（二〇〇四年公開）は、二十世紀を代表する作詞作曲家コール・ポーターの伝記映画で、歌ありダンスありの華やかな「走馬灯」で彼の生涯を振り返る。始まりは一九一八年のパリ、まだ二十代のコールが、のちに妻となるリンダ・リー・トーマスと初めてデートするシーンがある。八歳年上のリンダは、このとき三十五歳。「パリ社交界で最も美しい離婚女性」と呼ばれ、一度履いた手袋は二度と使わないらしい、とそのオシャレぶりが噂の的になっている人物だった。

「でも、脱いだ手袋はどうするの？」「ルイビルに住む従妹に送ってやるのよ」と雑談を交わした二人、コールは傍らを歩むリンダの手袋を取り上げ、「これは僕がもらうよ、こんなに美しい手を隠しておくことはない」と言って持ち帰る。彼の人生に舞い降りた女神《ミューズ》が、服飾品を使い捨てる裕福な年上の女、当時の感覚からすれば結構な「おばさん」、少なくとも若いお嬢さんではないことを、視覚ではなく言葉によってさりげなく読み解かせるシークェンスである。

軽やかに手袋を貰い受けたコールは、結婚後も彼女からさまざまなインスピレーションを授かって成功の階段を駆け上がる。前夫の暴力から逃れて再婚したリンダもまた、若き夫の才能を信じ、続々と大きなチャンスを摑ませる。性指向を公にできぬ時代、クローゼットのゲイとして家庭外で肉体的な愛を満たすコールと、彼が同性愛者と知りながら共に歩むリンダの関係性は、「You don't have to love me the way I love you, Cole. Just love me.」（私と同じように愛さなくていいの、ただ愛して）という台詞で表現される。

夫婦は一度は子供を作ろうとも試みるものの、流産したリンダは七十余年の生涯で「母」となることはなかった。だが、庭に咲きほこる薔薇の花も、夫が残した数々のスタンダードナンバーも、リンダなくしては「生まれ」なかったものだ。遠方の従妹に手袋を送る、親友の子供たちを慈しむ、独りの時間は園芸に没頭し、死期が近づけば遺された夫が寂しくないようにと若い男の世話係をあてがう。彼女が貫いた美しい孤独、そして創造性や気前の良さは、「子の無い人生」を生きる後世の女性たちの一つの素敵なお手本となりうる。長い長い中年期を実子の生育に割かずに過ごすおばさんたちは、しばしば「我が子以外のものを育てる」役割を担うのである。

カボチャの馬車やガラスの靴、菅原孝標女にとっての『源氏物語』と同様に、リンダ・リー・トーマスから届く新品同様の手袋もまた、従妹の憧れをどれほどかきたてたことだろう。しかしながら、ケンタッキー州ルイビルに暮らす若い女の子が、パリ社交界の華と謳われる四十手前のおばさんと、まったく同じサイクルで手袋を消費するとも思えない。海を越えてどっさり送りつけられる非実用的な「お下がり」の山に、却って彼我の違いを思い知らされた従妹は、羨望をこじらせてこのプレゼントを煩わしく感じる可能性だってある。ヌマ叔母さんの贈った銀の万年筆が、姪から投げ返されたように。

有難いのか、ウザいのか？

本書では世の中年女性をなるべく讃え励ましていきたいところだが、それでも認めざるを得ない事実として、おばさんは、時々かなりウザい。「親でないのに子供の成長に一役買う」と言えば聞こえがよいけれど、おばさんは、やはり親たちがつきっきりで担う子育ての域内にはいないのだ。そのくせ「外」から次世代の人格形成に影響を及ぼすわけだから、当然、歓迎されないこともある。

安心安全な母の腕に抱かれ、献身的な自己犠牲と無償の愛に包まれることに慣れきった子供たちにとって、親戚に一人二人いるおばさんは、ちょっと恐ろしいような、得体の知れない、厄介な大人と見えるだろう。頼まれてもいないおみやげをどっさり買い与えては嵐のように去っていく私自身、甥姪の目には、そう映っているに違いない。

物語の中でおばさんはしばしば、自由奔放な身勝手さ、無責任さの体現者でもある。主張が激しく我慢のきかない大人で、子供相手にでも同じ目線でムキになることがある。アンバランスで不完全な存在、一歩間違えれば年若い少女たちと不協和音を起こしてもおかしくない。優しいかどうかもよくわからない。よく言えば独立独歩、悪く言えば頑固で他人に厳しく、空気が読めない。誰にも愛されなくたって構わない、という捨て身の不敵さを備えていたりもする。

そんな「ウザい」おばさんの代表例としてまず思い浮かぶのは、ルイーザ・メイ・オルコット『若草物語』（一八六八年原著刊）に登場する、マーチおばさんである。世界中の多くの少女が課題図書として一度はこの作品に触れ、強烈な「おばさん」像を刷り込まれたに違いない。美貌のリンダとはまるで異なるようでいて、比べてみると共通項も多い。

マーチおばさんは裕福な未亡人で、子供はいない。甥にあたるマーチ氏の一家が経済的に困窮すると、メグ、ジョー、ベス、エイミーの四姉妹のうち、誰かを養女として引き取りたいと申し出る。それがすげなく断られると腹を立て、しばらく一家とは絶縁状態にあった、毒舌家で癇癪《かんしゃく》持ちのおばあさんだ。養女が欲しいと言う割に子供の気持ちに寄り添う感覚もなく、愛情はいつも空回りして、メグの縁談にお節介な文句を言ったり、エイミーに古臭い躾を施そうとしたり。だが、自己中心的で偏屈というだけで、邪悪な人ではない。

四姉妹の次女・ジョーは、苦しい家計を助けるため、足が不自由なこの老婦人の邸宅で、あれこれと雑用係を務めている。小説家志望の彼女は空き時間を大きな図書室で過ごせるのが嬉しいし、短気で気まぐれなマーチおばさんにぶつくさ文句を言いつつ、じつはそんなに嫌いではないのだった。長女のメグが、同じマーガレットという名を持つ実母と特別に響き合ってその母性を継承していくように、ジョーとこの大伯母との間にも、どこか通じ合うものがあるのだ。

『若草物語』の中心に据えられているのは「この世で一番立派な婦人は母である」という価値観で、男親から「Little Women（小婦人）」と呼ばれる四人の娘たちは、母を手本に育っていく。変わり者のおばさんは、この家族が描く真円のような幸福の「内」ではなく「外」にあって、時折、口やかましく介入してくるサブキャラクターだ。しかし、変わっているのは本当に大伯母なのだろうか？

幼い私は、主人公一家のほうがよっぽど変じゃないの、と首を傾《かし》げながら読んでいた。もし自分がジョーだったら、生活能力が低い割に「どんなに貧しくとも子供たちは手放せない」などとのたまう呑気な両親を蹴っ飛ばし、みずから大伯母の養女に立候補して図書室で小説修業に励むと思います……、そんな読書感想文を書いた記憶さえある。

当時の違和感を大人の語彙に置き換えるならば、本作にみなぎる宗教性と排他的な血縁至上主義、一見フェミニズム的なようで同時に家父長制的男性支配をも歓待する家族観が、どうにも息苦しかったということだろう。人は与えられた場で生きねばならず、何が起きても家族の解散や再構築は許されず、あらかじめインストールされた試練や苦難を乗り越えることでしか達成感を得られない。死ぬ気で頑張るのが美徳で、ラクしたがるのは罪悪だ。ページをめくるたびそんな教条的な空気を嗅いで、うまく呼吸ができなかった。

あちこちから差し伸べられる経済的支援の大半を丁重に断りながら、身を寄せ合って暮らす母娘五人。長く家を空けていた父親のマーチ氏がクリスマスの晩餐に舞い戻ると、宗教的熱狂のもと物語は麗しく大団円を迎える。お父様は、しばらく見ないうちにすっかり成長した娘の一人一人に労いの言葉をかけていく。かつて白くすべすべしていたメグの手が家事労働で荒れ放題になったことについて「今のほうがもっときれいだ」と言う台詞は殊に有名だ。有難いお言葉に恍惚とした女たちは、これまでの労苦が全て報われるようだと感涙に咽ぶ。

男の子のように遊んで学んで働いて、父の息子として戦争に同伴したいと願っていたジョーでさえ、父の前では理想的な「小婦人」として振る舞い、その女らしい身なりを褒められる。時代が時代とはいえ、その様子にはどこか性的支配のニュアンスさえ感じ取れる。久しぶりに再会した男親が十五歳の少女の心身の性徴についてあんなふうに所有者然と言及してきたら、男と同等に遊んで学んで働いて、戦争を未然に抑止する参政権までも得た二十一世紀の女性読者たちは、キモいと感じても許されるだろう。

おばさんたちの『若草物語』

そもそもこの一家が財産を失い、倹約せざるを得ず、金の工面に追われていたのは、父親の負債のせいではなかったか。本来なら何不自由なく「Girls」として青春を過ごしたはずの四姉妹が、家庭の事情で一足早く「Women」へと精神的自立を強いられた話なのに、この家父長の描かれようは何なのだろう？　そんな後味の悪さを拭うには、第二作『続若草物語』まで読み進めなければならない。

続編で大学教授フリッツ・ベアと結婚したジョーは、亡くなったマーチおばさんからプラムフィールドの屋敷を遺贈される。住むには大きすぎるが売るには惜しいこの敷地を使って、彼女は夢物語と諦めかけていたプロジェクトに着手する。夫とともに学び舎を築き、次の世代を育むのだ。「ベア学園」と呼ばれることになるそこは、貧乏で母親のない子供たちの世話をし、育児放棄されている金持ちの子弟を適切な教育で導く、「勉強と保護と愛情とを必要とする少年たちの楽しく家庭的な場所」である。

〈「私にはあの子たちのほしいものがわかるような気がします。（略）私ほんとうに、あのひとたちの母親になってやりたいのです！」〉（吉田勝江訳）

さながら自身の失われた少女時代を取り戻すかのような熱の入れようである。実の両親を非難する言葉こそ出てこないものの、大伯母の遺産という経済力を得たジョーが、「子供はいきなり大人にはならない」と言葉を尽くして訴える理想は、かつて父が用いた「小婦人」という言葉とは対照的に響く。

〈「いい子の場合でも、子供からおとなになる時期をうまく通過することが大事なので、そういう時こそ最も忍耐づよくやさしく導いてやらなくてはならない時なのよ。世間の人たちって、そんな子供のことはただ笑って乱暴に扱い、見ても見ないふりをしているんです。そうしてかわいい子供から一足とびにりっぱな青年になるものだと思っているのよ。」〉

でも、それでいいはずがない、どんな問題児も見て見ぬふりなどされず、子供として子供のまま、のびのびと正しい教育を受けるべきである。自身が息子を持つ母親となった後もジョーは、各地から集められたワケありの生徒たちに「マザー・ベア」と慕われながら、教育者として理想の家庭像を拡大していく。第一作では不在の父親を中心に閉じた輪の「内」を回っていた家族の物語が、ベア学園を中心に第四作まで続くなか、「他家の子供を育てる女」、ジョーおばさんの物語へと変容していくのだ。

二〇一九年に公開された映画『ストーリー・オブ・マイ・ライフ／わたしの若草物語』も、ラストシーンをベア学園に据えていた。現代風にアップデートされた本作では、隣家のドラ息子ローリーのダメな部分がきっちり描かれ、対するフリッツは物書きの夫として魅力的に描かれ、宗教色を抑えた結果として存在が無に等しくなった父親は、例のクリスマスの台詞もばっさり全カットだ。代わりにマーチおばさんの出番が激増し、ほとんど陰の主役である。幼い私が疑問を抱き、納得いかずに咀嚼《そしゃく》し続けてきた長年の解釈とも合致した脚色で、そうそう、これならわかるんだよ、と幾度も相槌を打った。

マーチおばさんを演じるのはメリル・ストリープ。『マディソン郡の橋』の戦争花嫁から『プラダを着た悪魔』の冷血編集長、はたまた『マーガレット・サッチャー　鉄の女の涙』から『マダム・フローレンス！　夢見るふたり』まで、ありとあらゆる「おばさん」役を一手に担ってアカデミー賞最多ノミネート数を誇る、あのメリル・ストリープである。大女優だから見せ場が多いのか、出番を増やすから大女優を起用したのかは永遠の謎だが、キャスティングからして間違いがない。

女が働いて経済的に自立するなんて到底不可能なんだから早く裕福な男を見つけて結婚なさい、と説くマーチおばさんは、結婚に興味が持てないジョーに「気持ちはわかる」とぼやきながらも、「あなたの母親よりいい暮らしをさせたいの」と言う。舞台を二十一世紀に移したら彼女はきっと、四人の姪たちにまったく逆のことを言うだろう。学問をして職業を得て、不甲斐ない男たちにあなた自身の財産まで奪われるような道を選ぶな。実母を愛するのは大変結構だが、人生のロールモデルは家族の「外」に置きなさい、と。

また、グレタ・ガーウィグ監督は映画化にあたり、ジョーが半自伝的小説『若草物語』の草稿を「友人の作」として出版社に持ち込むシーンを新たに書き加えた。版元は「物語の主人公がオールドミスで終われば誰も買わない」と難色を示すので、作者である「彼女」も観念して、「自由な中年女になる」と抗っていた作中のヒロインを大学教授と結婚させる。そして、お金のために結末を書き換えたのだからと、買い切りではなく著作権を保持する契約を呑ませるのだ。

ちなみに実在の作者ルイーザ・メイ・オルコット自身は生涯独身を貫き、亡くなった妹の娘を引き取って育てたという。映画『ストーリー・オブ・マイ・ライフ』のラストシーンでは、ヒロインが自著『若草物語』の初版本を手にして正式に作家デビューする姿が描かれている。その女性はベア夫人、大伯母から引き継いだ屋敷を学園に作り替えた既婚のジョーであると同時に、小説家として商業的に成功した並行世界の「自由な中年女」オルコットでもある。

変わり者のマーチおばさんからギフトを斜めに受け継いだジョーは、養女にこそならなかったが、大伯母の遺産を血縁の「外」へ向かって分け与える存在となった。作者オルコットは、すべての未来の女の子たちを親世代より不幸にはさせない、との気概に満ちた子供向けの作品を書き続けた。二人の女性を既婚と未婚で分けるよりも、「他家の子供を育てる」おばさんになったという共通点にこそ、着目すべきだろう。

『哀しい予感』、だらしない暮らし

おばさんはしばしば、我が子以外のものを育てる者として、子供が属す家庭の「外」に立っている。この定義について別の角度から考えさせられる作品が、吉本ばなな『哀しい予感』(一九八八年刊)だ。幼少時の記憶を持たないヒロインが、おばと過ごす時間の中で過去を取り戻していく物語である。主人公がおばと思っていた人物は、じつは彼女の実姉であった。裏返して眺めると、妹を取り囲む新しい家族の「外」にいることを選択した女性が、「おばさん」の肩書きを得て斜めの位置からその行く末を見守る、という物語でもある。

駅からかなり離れた住宅街にある古い一軒家に、主人公の弥生から「おば」と呼ばれる女性・ゆきのが一人で住んでいる。私立高校の音楽教師で、三十歳独身、仕事に出かける以外は、食べたいときに食べ、眠いときに寝て、自室と台所以外は掃除もせず、真夜中にいきなり酒を飲んだりケーキを焼いたり。ピアノの黒いふたにはほこりが積もり、傘立ての中はカビだらけで、「そこには生活の秩序というものが何ひとつ存在していなかった」と評される暮らしぶりだ。『若草物語』のマーチおばさんよりはうんと若いが、「おば」はここでも変わり者扱いされている。

とはいえ、現代社会で働く女性なら「ま、こんなもんだろう」と思う程度ではある。朝吹真理子『TIMELESS』(二〇一八年刊)にも、ミランダ・ジュライ『最初の悪い男』(二〇一五年原著刊)にも、家事をサボりたがる女性が登場する。自炊はするが洗い物はためる、自活はするが丁寧には暮らさない、行動規範は自分で好きに決める。そんな気ままな生活を偶然招き入れた他者に目撃され、呆れられたり感心されたりする。絶大な共感を込めて、私はこの類型を「皿を洗わない中年女」と呼んでいる。ゆきのもその一人だった。

姪の弥生がものさしに使う「生活の秩序」とは、父がいて母がいて年子の弟・哲生がいて、「スピルバーグの映画に出てくる幸福な中流家庭のような明るい世界」が保たれた家のそれであり、語り手である成人前の彼女は、他の生活をまったく知らない。世話を焼かれて何不自由なく育った子供の目には、母はいつでも立派にちゃんと家を回しているように見える。独身おばさんの生活は、何もかもがそれと違って、だらしなく見えるものなのである。

しかし、この完璧に幸福な暮らしの中で弥生は、何かが欠けている、と感じることが多々あった。十九歳の初夏、ふと自分には別に家族があるのだと気づき、家出しておばの住む一軒家へ転がり込む。きっかけは「台風が来るんだって」「いっしょに嵐を見ようね」と自分に呼びかける少女のヴィジョンだった。咄嗟にその子を「姉だ」と思った弥生は、徐々に記憶を取り戻す。どこか遠く、家族の「外」に、自分と紐づいている誰かがいる。それが、おば・ゆきのであることも確信する。

本物の両親は家族旅行中に自動車事故で即死していた。後部座席に乗っていた娘二人だけが助かり、幼い弥生は長期入院の末にその惨劇の記憶を失う。その後、弥生は亡き両親の親友夫妻に引き取られた。戸籍上はゆきのもその家の養女となっているが、彼女が一家の輪に加わらなかった理由は、こんなふうに語られる。

〈「私が、だだをこねたの。もちろん、あなたのお母さんには何度も、何度も説得されたわ。あたりまえよね、まだ高校生だったのよ。あなたを『姪』にしてほしいと言ったのも、私。（略）ひとりになりたかったの。面倒くさくて、すべて。あなたはまだ幼くて、やりなおしがきいたから良いのよ。でも私には、あの、風変わりな両親の生活の面影がしみついていた。他の暮らし方ができるとは自分でも思えなかったのよ。」〉

両親を喪ったとき、ゆきのがせめて社会人であったならば、血を分けた姉妹が二人で生きる道もあったかもしれない。だが十代半ばの少女に妹を養育することはできない。そして、奇人と呼んでよい両親に育てられ、とっくに自我が確立されていた彼女は、もう別の家族の「内」に組み込まれることも不可能だった。結局ゆきのは妹だけを他家に預け、自分は「おば」という設定で、今までと同じ生き方をすることに決めた。幼さゆえに自分で未来を選択できなかった妹の弥生は、こう考える。

〈何と高慢な人生なんだろう。病いのように彼女にとりついたその強情なものは何だったんだろう？　私は、自分が彼女に「捨てられた」と思わないように努力していた。（略）しかし、この姉妹の間にできた距離がもう決して埋まらないことを私は知っていた。〉

ゆきのには、面倒臭いものをすべて「なかったこと」にする癖がある。家の裏には打ち捨てられた粗大ゴミが溜まっているし、教え子と関係を持って妊娠すると一人で子供を堕ろし、その年下の彼氏にも一方的に別れを告げて連絡を断つ。自分も捨てられたのではないかと思うたび、弥生は気が気でない。家出してずいぶん経った頃、育ての母がゆきのに連絡してきたことがあった。真夜中の電話をうとうと聴きながら、弥生は思う。

〈おばが私の眠りを守ってくれようとしたことが妙に嬉しかった。面倒を毛嫌いし、何かに巻き込まれないためにならどこまででも逃げるようなおばが、母からの電話だと言って、たったひとりの妹をゆり起こさなかったことを。〉

その晩、ゆきのと弥生は初めて本物の両親の思い出話をする。弟の哲生が、弥生に姉弟以上の感情を抱いていることも話題に上る。そして蒸発したおばの足跡を辿って舞台は軽井沢から青森・恐山へと移る。高校進学前から気分転換のような感覚で家出を繰り返していた弥生は、ゆきのを追いかける旅の終わりに「家族」の元へ帰ることを決めた。

〈それでも私の帰るところはあの家以外にないのだ。運命、というものを私はこの目で見てしまった。でも何も減ってはいない。増えてゆくばかりだ。私はおばと弟を失ったのではなくて、この手足で姉と恋人を発掘した。〉

「すでに運命は分かれ、私達はもう自分達のやり方でしっかり大人になってしまった」と弥生が語るように、他家の子にもなれず、親代わりも務まらないゆきのは、高校生にして「おばさん」という曖昧な続柄を選択する以外に道はなかった。それでも『哀しい予感』に描かれているのは、『若草物語』が是としたような、絶対に交換不可能な家族像とはまるで別のものである。

姉がおばになり、弟が恋人になり、血の繋がらない家族が古い家から新しい家へ引っ越して、人間関係はややこしく絡まったまま再構築される。おばの妹であり、弟の恋人でもある弥生は、過去と未来に複数の家族を持つ。亡くなった実の両親も、遺された姉妹の周囲を漂っている。戸外を吹き荒れる嵐から幼い姉妹を守る屋根が、家族の象徴なのだろうか。もしかしたら、窓ガラスを一枚隔てて眺める遠い嵐のほうが、選べない家族、避けられない運命、といったもののヴィジョンかもしれない。弥生は、ゆきのとたった二人でそれを見ている。

あらゆる面倒を力技で「なかったこと」にするゆきのおばさんの力は、弥生を未来へ逃がすために行使された。寝た子を起こさぬように片付けられる夜中の電話。家族や幸福のありかたを今とは別のものに取り替える可能性。『若草物語』とは様相が異なるが、この年若きおばさんもまた、最善を尽くして「子供からおとなになる時期をうまく通過」できるように一人の少女を導こうとしたのだ。

「メッセージ・ソング」とその執着

パリからどしどし届くリンダ・リー・トーマスの手袋、生前には何の通達もなく遺言状一つで譲られたプラムフィールドの屋敷、あるいは、おばであるゆきのがもたらした、姉であったゆきの。おばさんの贈り物は、時に唐突で不可解で使途不明である。もしそれが子供の望んだ通りのものならば喜びはひとしおで、終生おばさんに感謝し続けるだろう。だが、それは奇跡にも等しい確率で、だからこそ物語の題材にもなるのだ。

現実社会を生きる我々は、ろくでもないおばさんたちからの、とくに嬉しくもない贈り物のウザさも、よく知っている。遠くから一方的に送りつけられる愛は、言ってしまえば、いつもそれだけで身勝手のかたまりである。ピチカート・ファイヴの「メッセージ・ソング」(一九九六年発表)が、そのことを題材にとっている。作詞作曲は小西康陽、歌唱は野宮真貴。一人称「ぼく」の女声ボーカルが、まだ大人ではない子供に向けて歌う、愛の歌だ。

〈冬のある日　言葉のない手紙が　ぼくに届く　遠い花火　白い天使　ぼくは旅をして

いる〉〈もしもどこか　街のどこか　この歌を聴いたら　想い出して　これは　ぼくからのメッセージ〉〈いつか　大人になる日に　きみも　たぶんどこかへ　旅に出るはず〉〈忘れないで　ぼくはきみを　ほんとうに愛している〉〈そしていつか　きみとぼくは　きっとかならず逢える〉

作中の「ぼく」と「きみ」とは、避け難い事情で長く逢えずにいる。幼い「きみ」の上げる声なき声が「言葉のない手紙」として届けられ、その返信に「ぼく」は歌を書き送る。紛《まご》うかたなき名曲だが、歌詞の抽象度の高さゆえに解釈も多様になるのが、なかなかに厄介である。

たとえばリリース直後、ＮＨＫ『みんなのうた』で放送されていたときは、「幼い息子の成長を遠くから想う父親」という解釈のアニメーション映像が添えられていた。分厚い外套を着て冬の旅を続ける「ぼく」は、出稼ぎの仕事に就いているのか、親権を放棄して離婚したのか、認知すらしていない子がいるのか。なぜこの男は、愛を歌にして街中に流すというまどろっこしい方法を選ぶのか……親が実子へ宛てた歌、という解釈で聴いてみると、「養育費とか、ちゃんと払ってんの？」と気になって、流れかけた感動の涙が引っ込む。妻と四姉妹に苦労させながら牧師として従軍していた父親マーチ氏の有難いお言葉が、「別の仕事で妻子を食わす道はなかったの？」と現代読者の耳をすり抜けていくのと、よく似ている。

あるいはこれが『みんなのうた』だと知らず、「中年男が未成年の少女に懸想《けそう》して再会を待っている」歌だと解釈した知人もいた。言われてみれば『源氏物語』の小柴垣のもと、若紫へ詠み贈られていてもおかしくないソングではある。身を引く素振りや自己犠牲をちらつかせながら、きつく爪痕を残して、執拗に所縁をなすりつけてくる、生霊めいたその情念よ。遠くから送られる身勝手な愛の歌は、「言って気持ちいい」言葉の連続だからカラオケなどでも好んで愛唱されるけれど、では子供目線で「言われて嬉しい」かと問われると、結構しんどい。まだ非力な少年少女にとって、いきなり巨大な感情とともに「必ず逢う」未来を一方的に押しつけてくる大人は、それだけで十分に支配的だ。

以上のことから、私が「メッセージ・ソング」を心穏やかに聴いていられるのは、父子のアニメや光源氏や若紫や、その他の連想を頭から追い払っている間だけなのだった。性別不詳の中年以上の人間が、自分の存在を恋い求めている不特定多数の子供たちに向かって、「いつかどこかで巡り逢いましょうね」とぼんやりした約束を投げかける。そんな歌だと思えば、ようやく無心で涙することができる。

遠くから身勝手な愛を送る「ぼく」なる人の正体が、実の親だと養育責任を放棄したように感じられ、下心を持った年長者だと反吐《へど》が出るほどグロテスクなのに、「おじさん」「おばさん」だと思えば、許せてしまう。その違いは何なのだろうか。あるいは話の順序が逆で、「直接の保護者ではない無責任な立場から」「下心や見返りをいっさい求めずに」愛を送れる男女だけが、素敵な「おじさん」「おばさん」として、ようやく機能する、ということかもしれない。

何も言わずに屋敷を遺贈したマーチおばさんの行動など、この要件にぴたりと当てはまる。意地悪ばあさんのようでいて、やっぱりかなりの好人物だったのではないか。そして彼女はたまたま血縁の「内」にいた甥の娘であるジョーを特別にかわいがったが、そのジョーが「おばさん」になると今度は、譲り受けた屋敷を「外」の子供たちのために開放した。すべての子供が、よき保護者と巡り合えるわけではない。社会の中で打ち捨てられて愛情の行き届かない子供だって多い。そのことを知るジョーおばさんは、彼らが綴る「言葉のない手紙」を、自分の手が届く限り受け取っていくことに決めた。

世に中年女性はたくさんいるのに、自分が手本としたいロールモデルは、なかなか見つからない。マーチおばさんは偏屈で、ゆきのは高慢で強情、リンダも無責任、「メッセージ・ソング」の歌詞だって、歌い方によっては自己陶酔で終わり、子供の未来を潰すことにもなりかねない。涙を誘う素敵な物語と見えるのは、奇跡に等しい確率で、たまたまうまくいったときだけ。「善きおばさん」は、見つけ出すのも、定義するのも、自分がなるのも、難しいのだ。

甥や姪、その他の子供たちを我が子のようにかわいがり、何でもしてやりたいと思うけれど、実際の養育当事者でない以上、それはじつに無責任で都合のよい干渉だと思う。遠くから身勝手な愛を送る者は、「You don't have to love me the way I love you.」（私と同じように愛さなくていい）と言えるだけの、気前の良さ、博愛の精神を、自身で磨き続けていかなければならない。下心がなく、見返りを求めない。これから「我が子以外のものを育てる」者の列に加わる私は、私たちは、このことを先達からよく学んでおいたほうがよさそうである。

よその子と川の字に横たわる

近くて遠い距離と関係

隣近所の顔見知り、親の友人や友人の親、外で働く女たち、自分との続柄が曖昧なあらゆる年長の女性を、幼い子供たちは親しみを込めて「おばさん」と呼ぶ。しかし成長するにつれ、おねえさん、おかあさん、おかみさん、などと言い換えるようになる。「おばさん」は時として揶揄や侮蔑をはらむ、呼ばれて誰も喜ばない、避けるべき呼称であるからだ。だが中年期を母親業に従事せず過ごす女性たちは、避け難く「おばさん」と呼ばれ続ける。鶏が先か卵が先か。そこには、彼女たちの存在を軽んじるニュアンスがつきまとっている。

相対的に重んじられているものは何かといえば、「母」である。物語の中で助演女優枠のおばさんたちにスポットライトが当てられる機会は極めて少ないが、聖母や毒母はしょっちゅう熱い注目を浴びる。当然と言えば当然だ。どんな主人公にも必ず一人は母がいる。もし二人以上いればソロモン王か大岡越前守が裁く。イエス・キリストにもオイディプス王にもマクベスにも母がいて、女から産まれていない者はそれだけで話のオチになる。SFの定番、人口までもが工場で生産管理される未来社会は、母の不在によりディストピアの様相を呈する。すべての人類は皆、人生に母の影を色濃く落とす「one of woman borne」

（女が産んだ者）である。その全員が必ずしもおばさんを持つとは限らない。

しかし、非婚化と少子化の進む現代日本社会において、「母でなく」長い長い中年期を過ごす女性は今後、増えこそすれ、減ることはない。異性愛者が適齢期に法律婚をしてセックスをして戸籍に記載される子を殖やす、という家族モデルが解体され、少数派閥の集合体こそがマジョリティとなり、多様性こそが社会のありのままの姿であると認知されたあかつきには、スポットライトが照らす対象にも、変化が生じるだろう。

ここ十数年の間、日本語圏では「毒になる親」「毒になる母」を主題とした作品が数多く発表され、過去に書かれた物語がそうした視点から捉え直されることも増えた。一つには、働きながら物言う女性の声が大きくなったため。もう一つには、自分の女親とは同じ人生を歩まぬ娘たちが増えたためだろう。母娘関係の葛藤や軋轢の傍らに立つおばさんは、母とは異なる人生のお手本だ。フルタイムの母親業に対する、パートタイムの養育係。品行方正で伝統的な母親像とは対照的な、破天荒で不良、反社会的な存在。突然現れては嵐のように去り、突飛な助言を与え、倹約家の親が買い与えてくれない品物を贈ったり、親の導きとは正反対の道を指し示したり、そのことで無責任だと描写されたり。縦につながる親子関係とも、横につながるきょうだいや友人の連帯とも違う、「斜め」の位置から、年下世代に接してくる。

『更級日記』に登場する菅原孝標女のおばなる人や、海外暮らしの長かった『ヌマ叔母さん』は、遠くに住んでいて接触機会の少ない、親戚のおばさんだった。『シンデレラ』『マレフィセント』に描かれるフェアリーゴッドマザーも、遠くからプリンセスを見守っている。『若草物語』のマーチおばさんは、もう少し近いところから頻繁に子供たちに口を出す。『82年生まれ、キム・ジヨン』のヒロインは、ぐいぐい距離を詰めてくる見ず知らずのおばさんに救われた。『哀しい予感』は姪のほうからおばに近づいていく話だった。書けば手紙の届く場所に、伸ばせば手の届く距離に、「会いに行けるアイドル」ならぬ「会いに行けるおばさん」を持つ姪たちは幸いである。家族の中で増幅される単一的な価値観に、呼吸を塞がれにくくなる。

同居するおばさんたち

おばさんとの距離が極限まで縮まるのは「同居」だ。住み込みの養育係や家庭教師がいる良家の子女、早くから養子にやられたり働きに出たりする子供たち、親ではない中年女性と寝起きを共にする体験を綴った物語はいくらでも思い浮かぶ。「下宿のおばちゃん」というのも定番のキャラクターで、まるで保護者のように振る舞っては、とっくに独り立ちした成人の登場人物たちを子供に還してしまう。あるいは、おばさんがおばさんと住む、身寄りのない高齢の女性同士が一緒に暮らし始める物語もある。

現代日本社会を舞台に「おばさんと同居する」物語を探して、まず思い浮かんだのは川上未映子の小説『乳と卵』だった。ある夏の三日間、姉と妹と姉の娘、母と叔母と姪とが、女三人で川の字に寝る物語である。もう一作はヤマシタトモコの漫画『違国日記』、こちらは姉であり母である女性の事故死をきっかけに、独身の叔母と思春期の姪とが、ぎこちない共同生活を始める様子が描かれている。

中編小説『乳と卵』は「文學界」二〇〇七年十二月号に掲載され、第一三八回芥川賞を受賞した、川上の代表作の一つだ。そして二〇一九年に刊行された長編小説『夏物語』は、二部構成の第一部が『乳と卵』の語り直し、リブートとなっている。

物語の始まりは二〇〇八年夏の東京、三十歳の夏目夏子のもとへ、四十歳目前の姉・巻子と、その娘・緑子がやって来る。大阪で暮らす巻子の上京目的は、銀座のクリニックでの豊胸手術。小学生の緑子は半年以上母と口をきいておらず、叔母である夏子とも「ペン書き」、小さなノートを使った筆談でやりとりをしている。六年ぶりに会う緑子と接しながら、夏子は自分の少女時代を振り返る。

巻子と夏子の母親は、夫が蒸発後に夜逃げをして、パートの掛け持ちと水商売で二人の娘を育て上げた。巻子は妊娠中に夫と離婚し、スナックでホステスをしながら一人娘を育てるシングルマザーである。同じような環境で似たような女たちの人生が繰り返され、それを夏子は「生まれたときから貧乏で、今もまだまだ貧乏人」と形容する。姪の緑子は十二歳、もうあと少しで、働きづめだった実母が死んだ年の夏子の年齢に達する。

出産と授乳を経て加齢が重なり、すっかり萎んでしまった「乳」を、百五十万円ほどかけて元通りに大きくしたいと熱っぽく語る巻子について、緑子はノートに書き綴る。「あほや。生むまえに体をもどすってことなんやろか、ほんだら生まなんだらよかったやん、(略)人間は、卵子と精子、みんながもうそれを、あわせることをやめたらええと思う」。緑子はちょうど初潮を迎える年頃で、性と生殖についての知識を身につけるごとに、自分は子供なんか欲しくない、と考えるようになる。生まれる前からあらかじめ体内に人を生むもと、卵子が大量に格納されているということについて、「むさくさにぶち破りたい気持ちになる」と書く。

東京滞在二日目の夜に声を取り戻した緑子は、台所で賞味期限切れの「卵」を己に叩きつける。「お母さんはだいじ、でもお母さんみたいになりたくない、（略）なんで大きならなあかんのや、くるしい、くるしい、こんなんは、生まれてこなんだら、よかったんとちがうんか、みんながみんな生まれてこなんだら、何もないねんから」と泣き叫び、両手で次々と卵を摑んで叩き割っていく。深夜、緑子が思いの丈を書き綴ってきたノートを、夏子はこっそり読んで、また元通りにしまう。文字になった口語、声に出されなかった言葉、叔母と姪とは「書く」ことでつながっている。

叔母が子を産む『夏物語』

『夏物語』第二部では現実世界の時の流れとリンクするように時制が二〇一六年へ飛ぶ。三十八歳になった夏子は小説家デビューを果たし、なんとか文筆専業で暮らしている。奨学金も返済し終わり、姉と姪に仕送りを続けながら、手付かずの印税がそこそこの蓄えにもなった。大手出版社の編集者・仙川涼子からは長編を依頼され、遊佐リカのような同業の友人もいる。なりたいものになれた、順風満帆だ。でも、それでも、と彼女は、半年ほど前に酔って書いた短い文章を、何度も何度も読み返している。

〈いいけど、わたしは会わんでええんか／わたしはほんまに／わたしは会わんでええんか後悔せんのか／誰ともちがうわたしの子どもに／おまえは会わんで　いっていいんか／会わんで　このまま〉

八年前に姪が書きつけた「生まれてこなんだらよかった」と、八年後に叔母の書きつけた「わたしの子どもに会わんでええんか」、二つの「書かれた声」がここで交錯する。

夏子は大好きな相手との性行為でも一度も快感や充足感を得たことがない。自分には性的欲求がない、もう男性とセックスはしたくない、それでも子供が欲しい。その思いに強く強くとらわれた夏子は、第三者による精子提供、非配偶者間人工授精（ＡＩＤ）という手段での出産を検討しはじめる。彼女の周囲にいる女性たちも、産む産まないの選択について、代わる代わる持論を述べる。

夏子の元アルバイト仲間である紺野さんは、うつ病に倒れた夫の実家で新生活を始める自分を「まんこつき労働力」と呼ぶ。結婚して子供を産んで育てて親を介護して、夫の家族の面倒を看て終わる人生。娘のことは好きだが、娘に好かれているとは思わない。それは彼女自身が、身近で見ていた「まんこつき労働力」の前例である実母を嫌っているためだ。

仕事に邁進する四十八歳独身の仙川涼子は、子供を欲しいと思ったことがない。一度きりの自分の人生を、子供を産むことでまた繰り返そうとするなんて、その上でワークライフバランスについて愚痴を吐くなんて、みんな浅はかで身勝手だ。物好き、ご苦労、私はそんなことに巻き込まれなくて本当によかった、と言う。

売れっ子作家の遊佐リカにとって、一人娘は「この存在に出会うために（略）生きてきたとしか思えなくなる」存在である。彼女自身は離婚経験者だが、夏子のプランについて「子どもをつくるのに男の性欲にかかわる必要なんかない」と奨励する。「産んだら自分の子だからね。相手なんか誰でもいい」。女がたった一人で自分だけの子を産んで育てることができる、いい時代になったものだと。

同じシングルマザーでも、姉・巻子は否定的だ。夏子からＡＩＤの説明を聞くと「神の領域やがな」と直感で抵抗する。自分は結果的に女手一つで娘を育て上げることになったけれど、そこには金銭面に限らず苦労も多く、子供につらい思いをさせたという負い目も感じている。妹の夏子が一人で産もうとすると、見ず知らずの相手から精子だけを得るのではなく、「ちゃんと」パートナーを見つけるべきだと言うのである。これは『若草物語』におけるマーチおばさんの「あなたの母親よりいい暮らしをさせたいの」という台詞にも通じる。

自身がＡＩＤでこの世に生を享《う》けた当事者で、そして、育ての男親から性的虐待を受け続けていた善百合子は、生命の誕生をサプライズパーティーになぞらえて、「どうしてこんな暴力的なことを、みんな笑顔でつづけることができるんだろう」と言う。

〈「ねえ、子どもを生む人はさ、みんなほんとに自分のことしか考えないの。（略）自分の子どもがぜったいに苦しまずにすむ唯一の方法っていうのは、その子を存在させないことなんじゃないの。生まれないでいさせてあげることだったんじゃないの」〉

緑子が放った「生まれてこなんだらよかった」と同じ、反出生主義の主張だ。その気持ちに一定の理解を寄せながら、それでもやはり子供に会いたいと願い、その思いを優先させて子供を作るというのは、どれだけ取り返しのつかないことか。長い長い小説の終わり、自問の果てに、夏子は女児を出産する。『乳と卵』で三十歳だった「おばさん」は、かくして『夏物語』で四十一歳の「母」となった。

遍在する姪ッ子たち

『乳と卵』は一つ屋根の下で川の字に眠る、血の繋がった三人の女の物語だった。急速に老け込んでいく経産婦の巻子。初潮前から排卵や生殖に疑義を抱いている娘の緑子。二人の間に横たわる、もう少女ではないが、かといって母でもない、若き叔母である夏子。多感な年頃の姪と接しながら、夏子は「おばさん」としての役割を果たそうとする。声をかけ、気にかけ、希望を確かめては好きにさせ、こじれた母との間に横たわって緩衝材となり、たっぷりの穏やかな眠りを与えてやる。

〈「緑子ははしっこにして、ほんならわたしが真んなかで寝よか」とわたしは言った。「巻ちゃんと緑子、隣って微妙なんやろ、朝起きて巻ちゃんが隣におったら緑子、発狂しそう」〉

ノートに綴られた姪のやり場のない怒りや悲しみに触れた後、別れ際には、巻ちゃんと緑子とわたし、三人で一緒に豆乳を飲んでイソフラボンを摂取しよう、と呼びかけて、それまで子供扱いしていた姪を「女」の一員に加える。そしてアパートの家賃を滞納している身にもかかわらず、緑子に小遣いとして五千円札を握らせた。

十年前、『乳と卵』に描かれたこの額面について、ある男性と言い合いになったことがある。彼の言い分は「あんな貧乏なフリーターは、子供にそんな大金を渡さない、リアリティがない」というものだった。むちゃくちゃに反発した記憶だけが残っているが、詳細は忘れてしまった。貴様に貧乏の何がわかる……という反論は作者自身が『夏物語』で書ききっているのでよいとして、私だったら今ならば、「それが、おばさんというものだ」と答えるだろうか。

縦でも横でもなく「斜め」の位置から子供に関わるおばさんは、親でないからこそ、親でさえ過剰と感じるようなことをしてあげたくなるものだ。後先考えず、損得勘定抜きに、身勝手に。親ではない誰かから与えられたものが、少女たちにとって実用性を超えた心の

「お守り」になると信じて、かつての自分が求めていたものを、上乗せして贈ってやるものなのである。

『乳と卵』は登場人物を姉・わたし・姪に絞り込んだ三人芝居のような構成で、目線も、会話も、筆談メモも、すべて家族の「内」を往き来していた。同じ物語が十年の時を経てポリフォニー形式の長編小説『夏物語』へと生まれ変わる過程で、とくに目を奪われるのは、よその少女たちの存在だ。前作においては血縁の緑子一人しかいなかった夏子おばさんの「姪」たちが、さまざまな姿で現れる。

冒頭、東京駅へ向かう山手線車内で夏子はまず、一人の女の子を見かける。細い手足、古びた衣服と色褪せたスニーカー、付き添いの大人もなく、手ぶらで緊張した面持ち。昔の自分を思い起こさせる見知らぬ少女の姿に夏子は、貧乏、という言葉を想起する。そして、「何でもいいから話しかけなければならないような気がしてくる」。どこから来てどこへ行くの？　親はどこなの、一人でどうにかやれているの？　何かを話そう、何を話せばいい？　とためらっているうちに、その女の子は見えなくなる。

巻子が勤めるスナックについても大幅に加筆されている。祖国に残してきた貧乏な大家族のために働く中国人留学生のジンリーと、似た境遇ながら年をとって時給を低く抑えられている韓国人のスズカ。専門学校生と偽って働き始めたノゾミと杏は、十四歳と十三歳、巻子曰《いわ》く「誰にも構われへんで大きなった子らの典型」で、売春相手とトラブルになる。夏子は同じように年齢を偽って工場で働き始めた、自分の十四歳当時を思い返す。

子供のことを考えて子供を産んだ親なんてこの世界にひとりもいない。そう言われて高熱に見舞われた夏子は、そう言った善百合子の少女時代について考え続ける。彼女が父親から繰り返し性的虐待を受け、ひと気のない河川敷の車で他の男たちの相手もさせられたという、その河川敷を夢に見る。夢の中で幼い善百合子に手を引かれ、夏子は夜明け前の森の一軒家に眠る十人の子供たちと対峙する。

〈「あなたがみんなを起こすなら、十人の子どもたちのうちの九人は起こしてくれたことをうれしく思う。（略）けれど残りのひとりは、そうじゃない。その子には生まれた瞬間から死ぬまでのあいだ、死ぬよりもつらい苦痛が与えられることがわかっている」「子どもを生むということは、それがわかっていて、子どもたちを起こすことだよ」〉

すべての子供が親たちの身勝手で女の腹から生まれ、そのうち全員が幸福を摑むわけでもない。会ったことのない、顔も知らない少女たちに思いを寄せ、夏子はそこにみずからの少女時代を重ねていく。幼少の記憶を辿ればそこには亡き祖母・コミばあとの思い出がつきもので、夏子は我が子を産むことで、コミばあにも再会したいと願っている。下へ下へと命を繫いでいくことは、上へ上へと懐かしさを辿ることでもある。時には血縁を超えて。

これはずっと繰り返されることだ。コミばあの奥にはもっと多くの女たちがいて、夏子の先には緑子がいて、その先にもっと多くのよその姪たちがいる。生まれてきてよかったと思う子供も、生まれてこなければ苦しまずに済んだのにと思う子供も、大人の手で増やされ続ける。善百合子は、もう二度と誰も起こすべきではないと言うが、夏子は、揺り起こすほうを選択する。幾重にも重ね合わされた少女たちの姿、その一番先に、「思い出のなかにも想像のなかにもどこにもいない、誰にも似ていない、（略）初めて会う人」が、産声を上げる。

『違国日記』と母のいない家

ヤマシタトモコの漫画『違国日記』は二〇一七年に連載が開始されて既刊が七巻、現在進行形の「おばさん」の物語である。「母」は登場しない。叔母と姪とが「母」の不在を挟んで、その謎を解いていく物語、とも読める。繰り返し描かれるのは、あなたと私は「違う」人間である、ということ。

十五歳の少女・田汲朝は、突然の交通事故で両親を亡くした。葬儀の席上、いったい誰が遺された彼女の面倒を看るのかと囁《ささや》き合う親戚の大人たちの会話を努めて聞き流しながら、朝は「たらいまわし」という言葉の漢字表記が思い出せずに落涙する。そんな醜悪な場から彼女を連れ出したのは、小さい頃に会ったきりの母親の妹、三十五歳の高代槙生だった。

〈「朝　わたしはあなたの母親が心底嫌いだった　死んでなお　憎む気持ちが消えないことにもうんざりしてる　だから　あなたと彼女が血が繋がっていようといまいと通りすがりの子供に思う程度にも　あなたに思い入れることもできない（略）わたしは大体不機嫌だし　あなたを愛せるかどうかはわからない　でも　わたしは決してあなたを踏みにじらない　それでよければ　明日も明後日も　ずっとうちに帰ってきなさい」〉

ところが一夜明けてみると、この叔母は極度の人見知りで、威勢良く啖呵《たんか》を切ったものの、完全に勢いで姪を引き取ったのだと判明する。職業は少女小説家、数年前に購入したマンションに暮らし、たまの外出以外は身なりにも構わず、寝食忘れて仕事部屋に籠もっている。未成年後見人でありながら弁護士からの電話を無視し続けたりする槙生は、『哀しい予感』のゆきのおばの系譜に連なる「皿を洗わない中年女」だ。自分一人で社会生活を営むことはギリギリできているものの、「親代わり」にはまるで不向きな大人と言える。

加えて槙生は、姉・実里との折り合いが悪かった。生前の実里がよく妹にぶつけた口癖は「こんなあたりまえのこともできないの？」で、高圧的なダメ出しを受け続けた槙生は、姉への憎しみこそが創作の原動力とさえ思っている。姪である朝のことはかわいいと感じるが、時折、これはあの姉の子なのだ、と考えると身体が竦《すく》む。純粋な好奇心から「…お母さんのことなんで嫌いなの？」と訊ねてくる朝の背後に、槙生は幾度も姉の亡霊を見て、「主観でしかない」その理由を答えることから逃げ続ける。

両親とはまるで異なる性質を持つ叔母の槙生について、姪の朝は「群をはぐれた狼」「大人だか子供だかわかんない」「親とか先生とかと違うのはなんでだろ」と不思議に思い、時には抱えきれぬ寂しさを吐き出す。だが、槙生との新しい日常に少しずつ慣れていくと、今までの十五年間の生活を別の視点で捉え直すことができるようにもなってくる。

なりたいものになれと言いながら、髪を切っただけで文句をつけ、自分で決断できるようになれと言いながら、「お母さんは間違いない」「そっちはダメ」と口を挟んでくる女親・実里。多感な思春期、本来ならば相手に直接ぶつけられたはずの苛立ちや怒りは、突然の母の死によって遣り場を失った。朝は、自分の意思決定が母の意向や助言、顔色一つに支配されていたということに、実里と死別するまでまったく気づかずにいたのだ。

まだ柔らかい年頃にある、そんな朝を、自分の迂闊な言動が左右してしまうのではないか、実里がしたのと同じように、愛情のつもりで重い呪いをかけてしまうのではないかと怯える槙生に、友達の一人が言う。親代わりに子育てをすると考えると身構えてしまうだろうが、槙生にできる「違う立場」があるはずだ、と。生き物と長時間同じ空間にいるのがしんどい、世界と繋がるのがうまくない、子供なんて一生要らない、と自認して生きてきた中年女性が、保護を必要とする小さな姪と一緒に暮らす。これは「おばさん」にとっても、人生を変えるような出来事なのだ。

あるとき朝は、掃除ができない叔母に向かって、母とまったく同じ口調で「なんでこんなこともできないの!?」と問う。槙生の弁明はこうだ。

〈「…わたしは　頭の中がいつも忙しくて　ものがすぐ見えなくなって　嘘が極端に苦手で　……ひとりでいるのが心地好くて　そういうふうになぜか生まれた　…あなたがさみしがりやに生まれたように　それは選ぶことも咎めることもできない」〉

朝は槙生ではなく槙生は朝でなく、槙生は実里ではない。おばさんはおかあさんではない。実里はもう死んだので、実里を誰かに重ねてはならない。亡霊に身を竦ませることはない。実里が死んでも上手に悲しめずにいる朝と、実里が死んでも悲しいと思わない槙生は、母であり姉であるその人を、ゆっくり自分と切り離していく。

〈「……朝　…わたしは　あなたのことを　いつでも慮ってやることはできない」「あなたの…　…さみしさ　とか　たとえば焦り　とかを　…理解してやることもできない」「あなたが　わたしの息苦しさを理解しないのと　同じようにわたしも　あなたのさみしさは理解できない　それは　あなたとわたしが　別の人間だから」〉

『違国日記』は連載中で、彼女たちが迎える結末はまだわからない。ただ、私たちはそれぞれに自由と孤独を抱えたまま、そのまま共に生きるなんてことが可能なのだろうか？という問いに対しては、同じ作者の手による別の「おばさん」が答えてくれている。連作短編集『ＨＥＲ』（二〇一〇年刊）に登場する写真家の武山佳子だ。

この短編の主人公は、クラスメイトの輪を乱さぬように調子を合わせ、みんなに出遅れないよう早く初体験を済ませなければ、と考えている「フツー」の女子高生。あるとき、隣家に独りで住む魔女みたいな白髪のおばさんが、若く美しい同性の恋人と庭先でキスしているのを目撃して衝撃を受ける。それが武山佳子で、ヒロインに向かって「フツーじゃないってサイコーでしょ？」と笑いかけ、今のあなたが悩んでいることなどあと数年できれいに忘れてしまうだろう、と予言を授ける。

〈「安心しなさい　…あと何万年生きたって　悩まない日はないし　誰が隣にいても孤独じゃなくなる日は来ないから」「永遠に孤独だけど　孤独なのは自分だけじゃないし　繫がらずに生きてはゆけないから　終われない」〉

悩みの渦中にある少女たちにはまだピンと来ないかもしれないが、もう女子高生ではなくなった大人が読むと、このおばさんが彼女に授けたのは、「呪い」ではなく「希望」である、ということがよくわかる。よくない大人から騙されて悪影響を受けるリスクも高いので一概には言えないけれども、あらゆる子供にとって「親や教師とは違うことを言う」大人と接する機会は、できれば皆無ではないほうがいいだろう。

「おばさんとなる」瞬間

母の定義は厳格で、家族の定義も明確だが、「おばさん」は曖昧な存在だ。きょうだいの誰かに子があれば、年齢が中年に至らずとも「おばさん」と呼ばれる。『ヌマ叔母さん』のヒロインは十二歳にして姪の子守を任されたし、『哀しい予感』のゆきのは、養母の末妹という設定を得て「おば」として生きてきた。齢を重ねていけば、いつかどこかで誰もが簡単に「おばさん」と呼ばれる。それは俗に十月十日も胎内に子を宿し、腹を痛めて「母」となるより容易なことで、だからこそ軽んじられもするのだろう。

しかし、子供を産んで「母となる」ような意味で、覚悟を持って「おばさんとなる」瞬間というのもあるはずだ。『乳と卵』『夏物語』の夏子は十八歳からの数年間、大阪市内のアパートで、巻子と緑子と「同居」していた。だが作中に当時の描写はほとんどなく、彼女が「おばさんとなった」のは、二〇〇八年夏のほんの三日間からだと言うことができる。夏子は姪の緑子、姉の巻子と川の字で眠り、遊園地で観覧車に乗り、五千円札を握らせる。そして、文庫本を貸す。

『乳と卵』になく『夏物語』で加筆された、もう一つのモチーフが、夏子の部屋の本棚だ。そこに挿さった文庫本の何冊かは、大阪笑橋のスナックに来ていた若い男性客から夏子が贈られたものである。自由に本を買えない少女時代、見知らぬおじさんからトートバッグごと大量に譲り受けた文庫本は、夏子の宝物になった。巻子はまったく本を読まないが、夏子おばさんは姪の緑子に、蔵書を好きに読んでよいと言う。窓のない部屋で育った貧乏な少女にも、ここではないどこか異世界への扉を開くのが本だ。豆乳よりも強く、女体に不足した成分を補うのが本だ。

『違国日記』の槙生は、執筆に没頭すると同居中の姪のことなどすっかり忘れて「違う国」へ行ってしまう。弁護士の塔野に問われて、物語はここではないどこかへ自分を匿ってくれる友人のようなもの、初めての「違う国」に連れていってくれるようなものだった、と言う。小説や漫画や映画といった物語を必要とせずに育った塔野は、自分にとっては「勉強」がそうだったかもしれない、と答える。そこにいる間は、他のことを考えずに済む。そこにいる間は、「違う」「別の」秩序に救われる。

『夏物語』でも『違国日記』でも、独身のおばさんは幼い姪を観察してそこにみずからの少女時代を重ね、家族を作る、という選択肢について再考するきっかけを得る。姪のほうはおばさんを観察して母との差分を確かめ、親元を離れて独立した一個の人間として生きることへのセカンド・オピニオンを求める。

見つけてほしい、話を聞いてほしい、ここからどこか遠くへ連れ出してほしい、と子供たちにせがまれたとき、我々は「おばさんとなる」のだろう。近くにいても、おばさんはおばさん。たとえ一緒に住んでいようとも、縦に直接結びついた親子関係とは異なる、「違う国」ほどにも遠い存在である。

だからこそ果たすことのできる役割もある。声なき声に耳をそばだて、見知らぬよその子供を呼び止め、親には言えない話に耳を傾ける。幸福な子供も不幸な子供も大人の身勝手で産み落とされ、増え続けるのならば、両手の空いた「おばさん」がそのうち一人二人の「誰にも構われへん子ら」の手をとって、「違う立場」からの景色を見せてやることもできるだろう。

第三部

少女でもなく、老婆でもなく

世界の窓はテレビの中に

樹木希林、市原悦子と、恩田三姉妹

二〇一八年に樹木希林が七十五歳で亡くなったとき、二〇一九年に市原悦子が八十二歳で亡くなったとき、多くの人々がこの「国民的おばさん」たちの訃報を嘆いた。樹木は『寺内貫太郎一家』（一九七四年放送開始）で三十代前半という若さを粧《よそお》い隠して小林亜星の母親役を演じ、以後も味のある老女を演じ続けた。市原は『まんが日本昔ばなし』（一九七五年放送開始）の語りと、『家政婦は見た！』（一九八三年放送開始）の主演・石崎秋子役を務めたことで知られている。

二人に共通するのは、その芸歴において、とくにテレビ画面の中で「おばさん」を演じている期間が長く、その強烈なイメージをもって、広く人々に慕われていた点だろう。芸風こそ違えど、若いうちから「おばさん」であることを引き受けた二人へのはなむけに、さまざまな追悼特集が組まれ、関連書籍の刊行が相次いだ。そこには、俗に言う美人女優が惜しまれつつこの世を去ったときとは別の、静かな熱狂が感じられた。

テレビやラジオから摂取する情報は流動的で、本や映画よりも人々の記憶から抜け落ちやすい。保管される資料も乏しく、後世に評価されづらい。それでもこうしたコンテンツは軽視できない。一瞬の出来事を、右から左へ流れていく同時代性を、切り取り、掴み取り、何十年も「体験」として心に刻みつける視聴者がいる限り、それは検証に値するものだ。たとえ思い込みによって事実と異なる脚色が施されていたとしても。むしろ「一瞬」の邂逅《かいこう》から拡大された虚偽記憶にこそ、後になって捉え直し、振り返る意義があるとさえ言えるだろう。たとえば私と同じ四十代のある女性は、こんなふうに語った。

「子供の頃、『やっぱり猫が好き』をおばさんの話だと思って楽しく観ていたけど、今思うと、全然違うんだよね。もう今の私たちよりもずっと年下なのに……『おばさん』と聞くと、いまだに恩田三姉妹の顔が浮かぶ」

『やっぱり猫が好き』は一九八八年からフジテレビ系列で放送されていた三十分ドラマで、三姉妹が同居するマンションの一室を舞台に繰り広げられるシチュエーションコメディである。もたいまさこ、室井滋、小林聡美、芸達者な三名が時に台本から大きく逸脱したアドリブの応酬を見せるのが醍醐味で、さながら生放送のような臨場感があった。

そしてご指摘の通り、長女役のもたいまさこでさえ放送開始当時まだ三十代半ばの若さだったのだ。樹木希林と違って老けメイクを施していたわけでもないのに、私もまた彼女たちを「おばさん」と思って眺めていた。深夜枠なので毎週欠かさず観ていたわけではないが、この番組を観るときはなぜか母から夜更かしの許可が出た。灯りを落とした実家の居間で、女（と猫）たちだけの愉快な共同生活を垣間見た幼い日の記憶。そこに生じていた一種の連帯感を思い返すと、「おばさん」という概念の解像度が高まっていくように感じる。

『やっぱり猫が好き』の三姉妹は、フェアリーゴッドマザーのように「姪」に何かを授ける役割を果たしているわけではない。しかし、親の傍らで眠い目をこする私に「母とは違う生き方」を示唆してくれたことは確かだ。樹木希林や市原悦子も同じことで、ブラウン管越しに受像する我々視聴者が「姪」の気分で慕い見上げれば、実年齢やプロフィールに関係なく、彼女たちは虚実ないまぜの「おばさん」的なるイメージを結ぶのである。

一家に一台テレビが普及して以降、茶の間の魔法の箱に映し出されてはザッピングの波間に消えていく女たちは、社会進出を志す少女たちの手近なロールモデルとなった。「なんだ、私もあんなふうに生きればいいんじゃん」と思える彼女たちを、今は親しみと敬意を込めて「私のおばさん」と呼ぶことができる。しかし昔は無理だった。まだ自分の人生がどこへ運ばれていくのかもわからない年頃に受像したメッセージの、真の意味に気づくのは、ずっと後になってからのことだ。

兼高かおるおじさんと美川憲一おばさん

ヤマザキマリが自身の体験を綴ったコミックエッセイ『世界の果てでも漫画描き』の第一巻「キューバ編」(二〇一〇年刊)冒頭は、「いってくるざます」と題されたプロローグから始まる。二十数年にわたり海外生活を続け、まだ見ぬ土地に憧れて無鉄砲な旅程を立てる作者。現地で要らぬトラブルに巻き込まれることも多く、荷造りも億劫で仕方ない。しかし、呆れ顔の夫と息子から「行くのやめればいいじゃん」と言われると、こう反論する。

〈「だけどそうはいかんのよ…　…だって…　私の中の兼高かおるが　どうしても行って来いって言うんだもの!!」〉

紀行番組『兼高かおる世界飛び歩き』『兼高かおる世界の旅』のレポーターを務めたジ

ャーナリストのことである。一九二八年生まれ、米国留学を経て『ジャパンタイムズ』などでライターとして活躍。そして一九五九年から三十一年間、すなわち三十一歳から六十二歳まで、自身の冠番組『世界の旅』を続けた。年半分を海外取材に費やし、訪れた国は百五十カ国以上、移動距離は地球百八十周分とされる。

近年の紀行番組は効率化が進み、現地班が下調べしたルートをレポーターがなぞる、分業制の作りが主流だ。しかし兼高はレポーターの他に、ディレクター、コーディネーター、時にカメラマンと一人何役も務め、臨機応変に取材行程を編み直し、膨大なフィルムをみずから編集して、ナレーションまで吹き込んでいた。

〈実際にその土地に行き、気候や湿度を感じ、街の音を聞き、においをかぎ、現地の人とふれあい、ご当地の食事をする。それでこそ、自分の中に収穫という財産が残ります。（略）テレビの旅番組はあくまでもプロローグ。その先の物語をつくるのは自分自身なのです。〉（兼高かおる『わたくしが旅から学んだこと』二〇一〇年刊）

「晴れたら晴れたなりに、雨なら雨なりに」行き当たりばったり飛び歩き、不測の事態を楽しみながら、自分自身の目で「本物」を見なければならない。そんな兼高かおるの旅哲学に、「姪」のヤマザキは多大な影響を受けた。「ひとりでいろんな所へ行けてすごいもんだなあ〜」「大人になったら兼高かおるになりたいな　私　頑張ってなってやる!!」と憧れを募らせた少女は、やがて十四歳で欧州一人旅を敢行、十七歳でイタリアへ絵画留学して、その後も世界を転々と移り住みながら創作活動を続ける、遊牧民型漫画家となった。苦労が絶えずとも非定住型の生き方を貫くのは、「私の中の兼高かおる」の導きに従ったがゆえである。

〈与えられた場所を出てやろう、世界に出て見聞を広めたい、と最初に思ったきっかけは、兼高さんの（略）大ファンになったからです。私という人間のいくらかは、兼高かおるで構成されていると言ってもいいぐらいです。〉（「すばる」二〇一六年五月号、兼高かおる・ヤマザキマリ対談「旅は地球とのランデヴー」）

一九六七年生まれのヤマザキより一回り下世代の私は、兼高かおるのことを正直よく知らない。一九九〇年に放映終了した『世界の旅』の記憶はほとんどなく、日曜朝といえば裏番組の『機動刑事ジバン』を観ていた。両親からは立派な人物なのだと名前だけを聞かされて、たまに新聞や雑誌で見かけると目を留めた。大ぶりのサングラスをかけて胸元に薔薇のブローチ、首元にスカーフを巻いた洋服姿。着物姿やサリー姿。どんな女装も似合うきれいな男の人だな、と思った。

そう、なんと私は兼高かおるを「おじさん」だと思っていたのだ。どうしてそんなことが起きたのか、『エリア88』の新谷かおると混同していたのか、子供の発想は凄まじい。いや、どちらかというと私は、兼高かおるを「男だ」というより「女であるはずがない」と思っていたのだった。

同じ時期、金鳥「タンスにゴン」のCM（一九九〇年）で、「もっと端っこ歩きなさいよォ！」と言い放つ美川憲一を観た。ちあきなおみと共演したその人物は、派手に着飾って化粧が濃く、斜に構え、艶とドスの効いた声は不気味な負のオーラを帯びている。人に嘲笑われてもニコリとも笑わないが、時折、人のことを鼻で笑う。その姿に、なぜか胸のすく想いがした。本業を知ったのは、翌一九九一年末の『第42回NHK紅白歌合戦』あたりだろう。〈そうよ私は　さそり座の女〉〈お気のすむまで　笑うがいいわ〉と名乗りを上げ

る、白組所属の男性歌手。当時小学生だった私は大いに混乱する。（「さそり座の女」作詞・斉藤律子）

「だって、この人おばさんだよね？」

周囲の大人にそう訊いたかは憶えていないが、当時四十代半ばの美川憲一は、幼い少女の目には紛れもなく「おばさん」と映った。昔は芸名通りの美青年だったらしい。ヒットに恵まれず、大麻取締法違反で二度も逮捕され、一度は人前から姿を消したのだという。つまりあのＣＭは、もう表通りを歩けないと思われていた男性が、強烈なオバチャンを演じて人を退かすので、失笑を買ってウケたのだった。だが公道を渡る権利は誰にだって等しくある。何見てんのよ、アタシはちっとも可笑《おか》しくないワヨ、と不遜な態度を崩さぬまま、彼は十七年ぶりの紅白復活出場を遂げたのだ。

兼高かおるを男性と、美川憲一を女性と思い込み、その両方をなんとなく美輪明宏あたりと同じカテゴリにぼんやり放り込んでいた十歳前後の私は、彼らを見るたび、トランプのジョーカーを思い出していた。赤でも黒でもなく、ハートでもスペードでもダイヤでもクラブでもない。そして、めっぽう強い。捨てても捨ててもしぶとく舞い戻って勝敗を左右する無敵の「ババ」だ。

嫁けないギャルと『負け犬の遠吠え』

ちなみに当時の私は、宮廷道化師が描かれたジョーカーの絵札が「ババ」と呼ばれているのも、「男っぽい婆さん」くらいの意味だと勘違いしていた。実際の「ババ抜き（Old Maid）」の起源はクイーンの札を一枚抜いて遊ぶゲームで、最後までペアになる相手がおらず「お嫁に行けない」売れ残りの女王に因《ちな》んでこの名前が付けられている。女が家財として取引された時代の名残である。

「お嫁に行けない」。早めの初潮を迎えた私も、徐々にこの言葉をぶつけられるようになった。学校の成績がいいこと、ゲームの勝ち負けにこだわること、母や祖母たちと台所に立つより、父や祖父たちの晩酌に交じるのを好むこと。それまでは「女にしておくのがもったいない」と褒められていた同じ振る舞いが、ある時期を境に厳重注意の対象となっていった。女が社会から認められる「男まさり」には許容量がある。あるところまでは多ければ多いほどよいとされるが、ひとたび限界線を踏み越えると、今度は急にその分量を減らすよう言いつけられる。度を超した女は、男性優位社会を円滑に回す妨げとなるからだろう。

私は十歳前後でそこを踏み抜いてしまった。服を泥だらけにしてはいけません、脚を閉じて座りなさい、いくらお勉強ができたってお行儀が悪かったらダメよ、あなたにはどうもかわいげが足りない、いつまでも男の子みたいで心配だわ……。あれやこれや手元で加減して「女の子らしさ」の範疇《はんちゅう》に収まっていなさい、という命令を受けるときには、「さもないと、お嫁の貰い手がありませんよ」という脅し文句がつきものだった。

女児を売りに出すことで発生する利潤は私のものであって私のものでないのだが、それでも「あなたのためを思って」と警告される。三十年ほど前の日本では、女性の結婚適齢期は二十四、五歳前後とされ、そこを過ぎれば結婚市場での商品価値が下がり、後の人生が不利になると、真顔で論じられていたのだ。

それは中尊寺ゆつこ『スイートスポット』（一九八九年連載開始）に描かれるＯＬの姿が

「オヤジギャル」として流行語になった時期とも重なる。権力を握るオヤジと若く美しいギャルのおいしいとこどりした女性像は、これまたトランプのジョーカーみたいなチート感があってカッコいい。だが、おじさん相手に対等を求めて物怖じしない彼女たちが笑顔で許容されていたのも、いずれ必ず寿退職するものと見做されていたからだろう。どうやら未婚のまま何年も企業社会に居座って男並みの待遇を求め続ける女もいるようだ、と判明するにつれ、この呼称は好意的な用法が減り、死語となっていった。

酒井順子『負け犬の遠吠え』（二〇〇三年刊）で「未婚・子ナシ・三十代以上」と定義された「負け犬」の中には、かつてオヤジギャルと呼ばれた女性も少なくないはずだ。酒井は勝ち犬になる女性と負け犬になる女性とを、「面白いこと」への反応で選り分けた。同世代の男性と凡庸な居酒屋でデートするより、既婚者のおじさんに誘われて高級フグ料理を食べに行くことを選ぶ二十三歳のＯＬは、好奇心に負け、目先の快楽に明け暮れて、婚期をドブに捨てるだろう、と予言される。

しかし、そうやって生きる女性たちこそが、一回り下の私にとっての憧れのおねえさんだった。『やっぱり猫が好き』の三姉妹だって、それぞれに仕事を持ち、不倫の恋などして男運の無さを嘆きながらも、独身のままで楽しそうに生きていたじゃないか。お嫁に「行けない」のではなく「行かない」選択だって、あっていいんじゃないのか？

昭和の終わり、平成の始まり。日本はバブルの好景気に沸き、「変化の時代が訪れる」と教わった。我が国の不平等は撤廃され、女も男も対等に立身出世して、社長にも、学者にも、宇宙飛行士にも大統領にも、何にでもなれる時代なのだと聞かされて育った。その一方で私は、「この調子ではオールドミスのオバンになってしまう」と将来を嘆かれてもいた。性別が女だからだ。末の弟や近所のガキ大将は何も言われないのに、結婚出産適齢期と「かわいげ」は、私の人生航路だけを脅かす。博士号を取得して起業して億万長者になり、火星に移住して大統領となるはずだったのに、何をしても男の子に負ける気がしないのに、勝ったご褒美として男の子とまったく同じ道を行けるわけでは、ないらしい。「かわいげ」からは程遠い、性を超越した無敵のおばさん、美川憲一が羨ましかった。それなのに、兼高かおるがかつて自分と同じ女の子だったなんて考えもしなかった。見た目は優美だけれどスカートの下はたくましい男性なんじゃないか。だからどんな危険な外国へも単身ひょいひょい飛んで行き、各国の要人と流暢な英語で楽しくおしゃべりをしてくることだってできるのだ……。改めて書いてみると、己の潜在意識に深く食い込んだセクシズムの爪痕、十歳かそこらでダブルスタンダードに防衛機制を働かせた女児の痛ましさに、今更ながら怒りの涙がこみ上げる。

今すぐタイムマシンに乗って『機動刑事ジバン』からチャンネルを変え、幼い私に『世界の旅』を見せてやりたい。大ぶりのサングラス、流暢な英語と美しい笑顔にザマス口調、この人は、あなたと同じ「女」だよ。女として女のまま、働き盛りに人生の九十九パーセントを仕事に捧げ、パンナムの飛行機で三十年かけて地球を百八十周して、たった一人で闊歩する「おばさん」なんだよと、教えてやりたい。特撮ヒーローに生まれ変わる必要はない、今すぐにだって冒険できる。「その先の物語をつくるのは自分自身なのです」という彼女の声を、私は私にもっと早く聞かせてやりたかった。

黒柳徹子と楠田枝里子の部屋

あっさり誤解が解けたのは、高校生の頃だろうか。土曜の団欒《だんらん》、一家で『世界ふしぎ発見！』を観ながら、驚異のクイズ正答率を誇る黒柳徹子に感嘆した母親が、「そういえば彼女、香蘭女学校で兼高かおるの後輩だったのよね」と言った。「え、その人、男じゃなかったの？」という言葉を、そっと呑み込む。

ヤマザキマリにとっての兼高かおるが、私にとっては黒柳徹子だった。ベストセラー『窓ぎわのトットちゃん』の作者にして、歌番組『ザ・ベストテン』の名司会者。ニューヨークに留学経験があり、ユニセフの親善大使を務め、世界各国の歴史、文化、風習に精通している。テレビを通して初めて見た、博識で国際派の女性である。私の夢はいつか徹子に会うことだった。選ばれし者だけが招かれるあの特別な「部屋」に、その女主人を訪ねることだ。

『徹子の部屋』は一九七六年放送開始、現在四十六年目となる長寿番組である。月曜から金曜まで一組ずつゲストが招かれ、全編にわたって黒柳徹子との対談形式で進行する。「いっさいの編集をしない」が放送開始当初からの大原則だそうで、生放送に近い独特のグルーヴが特徴である。戦後日本テレビ文化のど真ん中に私的な空間を構え続ける徹子おばさまにおよばれすると、誰もが童心に返り、我を忘れる。どんな悪ガキも重鎮も、緊張におとなしく畏まって、慣れない敬語で会話のペースをみずから狂わせる。そして徹子ばかりがニコニコと場を絶対的に支配するのだ。ヤマザキマリが「どこへでも単独で出かけていき、誰とでも対等に交流する」兼高かおるのアウェイでの強さに魅せられたように、私は「どこへも行かずに新しい誰かの訪い《おとな》を待っている」黒柳徹子の、ホームでの強さに魅せられていた。

同じ時代を思い返しながら、連想する女性がもう一人。愛川欽也とともに『なるほど！ザ・ワールド』の司会を務めた楠田枝里子である。私は毎週、楠田から目が離せなかった。とくに、一七〇センチ超の長身をからかわれるたび「あら、でも便利よ！」といった雑な発言で、極めてポジティブに受け流していた姿が忘れられない。

背の高い女は背の低い男に恥をかかせる、というわけのわからない社会通念がある。同番組では、小柄な愛川欽也が司会席で直立している傍らで、楠田枝里子がスツールに腰掛けている構図が定番だった。年嵩の愛川を差し置いて楠田だけ座るのも奇妙な印象だが、こうすると楠田の顔位置が愛川より頭一つほど低くなる。つまり当時は、時に年功序列をも上回るほどの重きをもって、男女のあるべき身長バランスが調整されていたのだ。

幾度か見たやりとりを文章に起こしてみるとこうなる。たとえば毒舌のゲスト出演者、男性お笑い芸人などが、「おまえ隣に立つなよ、俺様がチビに見えるだろ」「アナウンサーのくせにデカいんだよ」といった言葉で彼女をイジる。すると楠田枝里子はキョトンとした顔で、「あら、でもわたくし、背の低い殿方の代わりに高い所のものを取ったりしてさしあげられますわよ、こういう女も一人くらい居ると助かりますでしょ」なんて、柳に風と流麗な切り返しをする。そんな調子。

楠田はいつも、巷のトレンドとも一線を画す独特の衣装を着ていた。極彩色のドレス、肩の張り出したジャケット、つば広の帽子やウィッグ。画面上での占有面積は弥増《いやま》すばかりだ。司会二人の身長バランスに気を揉む制作陣がこのスタイリングを黙認したとは考えにくいので、おそらくは楠田サイドが協議の末に勝ち取った自由なのだろう。だってわたくし、背が大きいからこの手のお洋服が一番得意なんですのよ、ね、似合うでしょ？　と背筋を伸ばす彼女が目に浮かぶ。出過ぎることなく共演者を立てながら、我が身を縮こめることだけはしなかった。

　不躾な揶揄を投げつけられたとき、ただでさえ高い楠田の背筋は、さらにピッと伸びて驚きを表現する。敵意を示すファイティングポーズではない。主観を述べる前に「事実、私は背が高い」と己に対してファクトチェックを課すかのような、そんな姿勢の正し方なのである。男から大声で容姿をからかわれたら、モジモジ恥じらって言葉を失い、顔を覆って泣くフリをするブリッコが絶対的にカワユイとされていた時代に、珍奇な存在だった。媚《こび》がなく、何も意に介さず、サバサバと合理的で、素敵に周囲から浮いていた。

　これから迎える第二次性徴期、私の身長はどこまで伸びるだろう。もし闊達にニョキニョキ大きくなったとしても、縮こまらず、ああやって強く生きていこう、と思ったものだ。大平原でゆったりと草を食むキリンか何かの映像を観て、「世界は広いな、デッカいなぁ〜」と、静かに驚くような感慨だった。アフリカにはキリンがいてバオバブの木が生えている。南極では棚氷を背景にペンギンの群れが視界を埋め尽くす。マリアナ海溝には巨大深海魚がひしめいて、牛込河田町フジテレビには楠田枝里子がいて、黒柳徹子はずっと部屋にいて、今この瞬間にもみんな同じ地球上で、私とは別の雄大な時の流れを生きている。そのスケールを前に、日々の悩みが相対的に小さくなる思いだった。

お気のすむまで笑うがいいわ

「テレビで観た憧れのおばさん」をあちこちで訊ねていくと、ＹＯＵ、天海祐希、井川遥、石田ゆり子、大竹しのぶ、夏木マリ、余貴美子、中村メイコなど、美しくも癖のある女性たちの名前が挙がった。実年齢を公表しているカッコいい女性たちは、年下の同性たちの加齢への不安を拭ってくれる存在であるようだ。高峰秀子や小泉今日子のように、かつてアイドルだった女性が「物言う中年女」へと変貌した姿に励まされるという声もあれば、天才子役ともてはやされていた安達祐実が、自然体で年齢を重ねる姿に憧れる、という若者もいた。海外勢ではこれまでに挙げたヘレナ・ボナム＝カーターやメリル・ストリープのほか、ウーピー・ゴールドバーグ、ジュディ・デンチ、などなど。

かつて美川憲一が君臨していた玉座は、現在おそらくマツコ・デラックスへと継承されているだろう。私が楠田枝里子の立ち姿に救われたのと同じように、威風堂々たるプラスサイズのファッションアイコン・渡辺直美に励まされている少女たちもいるはずだ。兼高かおるは帰らぬ人となったが、黒柳徹子は相変わらず「部屋」で客人を迎えている。二〇二〇年九月には、『プロフェッショナル 仕事の流儀』の密着取材に応じた八十七歳の黒柳が、結婚も出産もせず独身を貫いてきたことについて「これっぽっちも後悔はない」と断言して話題をさらった。

〈血をわけた子供　自分が育てられなかったっていうことも不幸せだとも思っていないし（略）何も思い煩うことはないですよね〉

そう、彼女は日本で最も知名度の高い「非・おかあさん」として、六十年近くも我々の前を歩き続けてくれていたのだ。面白くてきれいだが、俗に言う「女らしさ」や「かわいげ」とは賢く距離を置き、その埒外《らちがい》にいるプロフェッショナル。好きな服を好きなように着て現役バリバリで働き続ける、そんな先輩おばさんの呼び声が心の中にこだましているうちは、私たちの人生がブレることはない。無鉄砲な旅先でいくら道に迷っても、何度でも懲りずに「いってくるざます」と外界と切り結ぶことができる。
『やっぱり猫が好き』の話で盛り上がった女性からは、「今の若い人たちが代わりに仰ぎ見ているのは、きっと阿佐ヶ谷姉妹でしょうね」と言われた。おかっぱに眼鏡、お揃いのピンクのドレスで「姉妹」を演じるお笑いコンビだ。由紀さおり・安田祥子姉妹の物真似をはじめ、万引きGメンや食堂のオバチャンなど遍在する中年女性の細かな特徴を捉え、お互いの加齢をネタにし合いながら、「おばサンタ〜ル〜チア〜♪」と高らかに歌い上げて笑いを誘う。

彼女たちはそのライフスタイルも熱い注目を浴びている。「お姉さん」こと渡辺江里子と「みほさん」こと木村美穂は、容姿こそ似ているが血縁というわけではない。もともと東京都阿佐ヶ谷の六畳一間で共同生活を営んでおり、現在も隣同士の部屋に住んでいる。時に性格の不一致で衝突し合い、時に一人時間の確保に難儀したりしながらも、仲睦まじく互いの部屋を往き来する関係だ。二人で食事をするとき、妹のミホに自分のシチューをよそってもらえなかった姉のエリコは、私だったら二人分持ってくるけど……と考えてから、こう思い直す。

〈実際夫婦でも家族でもない2人が、たまたま生活様式を共にしているだけで、本来は個個。むしろ、私がみほさんにしている事は、頼まれてやっている事でもなく、こちらがよしとしてやっている事なのだから、それを相手に勝手に求めて勝手に腹を立てたりするのは、変な話で。やってもらう事は「必須」でなく「サービス」なのだ。そう思うと、落ち着いてきました。〉（『阿佐ヶ谷姉妹ののほほんふたり暮らし』二〇一八年刊）

競い合いのない共存、家族とは異なる共同生活。男にモテたい、老けて見られたくない、といった欲望は素直に吐露しつつも、ロマンティックラブイデオロギーに囚われることはない、中年女性たちの生き様。二〇二一年現在、そろそろ中年にさしかかる年頃の独身女性たちからは「ファビュラスな叶姉妹よりも、阿佐ヶ谷姉妹のようにのほほんと生きていきたい」という声をしょっちゅう聞く。「お嫁に行かない」人生をああして誰かと支え合って生きていけるなら、「おばさん」になるのもきっと怖くはないだろう、と。

母親とは違う、学校の教員室や町内会でも見たことがない、この社会のマジョリティとは言い難い。しかしテレビに映っているのだからきっと世界のどこかには存在しているはずの、人生のお手本。阿佐ヶ谷姉妹は、「ああはなりたくない」と疎まれる存在ではなく、「あんなふうになりたい」と憧れられるおばさん像なのだ。

現在四十代の私が幼い頃に観た映像や聴いた音声の多くは朧気《おぼろげ》なイメージに過ぎず、今になってみると一時停止や巻き戻しができないものばかりである。今時の若者はテレビに代わり、掌の中のソーシャルメディアに憧れを探し求めていることだろう。アイドルを発見したら端末にローカル保存してループ再生し、指先一つでキャプチャもできる。便利な時代である。しかし家庭用ビデオデッキを手に入れるずっと以前から、我々は肉眼で同じことを続けていた。

『ファン・ホーム』と心の中のループ再生

一期一会、と目に焼き付けた情景が、何年もの間、見た者を励まし続けることがある。これはアリソン・ベクダル『ファン・ホーム　ある家族の悲喜劇』（二〇〇六年原著刊）に登場するフレーズである。米国でベストセラーとなった自伝的グラフィックノベルだ。

ペンシルバニア州の葬儀屋《フューネラルホーム》に長女として生まれたアリソンは、大学進学後、自分がレズビアンであることを両親にカムアウトする。しばらくすると彼女の父・ブルースがトラックの前に飛び出して急逝した。自殺ともとれるような事故死だ。愛書家で室内装飾に執心し、伝統的家族像を追求していた厳格な父親は、じつは同性愛者であり、未成年を含む複数の男性と関係を持っていたことが明らかになる。

ブルースの死後、アリソンは彼と過ごした幼少期の記憶を辿っていく。知りたかったことは何も語られぬまま、膨大な蔵書、こだわり抜かれた調度品、手紙や写真だけが遺った。一つ一つの資料を漫画のコマに克明に描き起こして記録するアリソンの作画手法には、完璧主義者だった父の面影が滲む。

〈ある意味、父の終わりはわたしの始まりだったと言うことができるかもしれない　もっと正確に言うと、父の嘘が終わるのと同時に、わたしの真実が始まったのだ　なぜなら、わたしも長い間、嘘をついてきたからだ。4歳か5歳の時からずっと〉（椎名ゆかり訳）

父親から強要される女の子らしい服装や髪型を嫌う子供だったアリソンが、セクシュアリティをはっきり自覚する少し前。父に連れられてフィラデルフィアへ向かう途中、軽食堂に立ち寄った幼い彼女は、「とても落ち着かない光景」に出会った。女性のトラック運転手が、店にカートいっぱいの荷物を運び込むところだ。男の格好をして、恰幅がよく大股で歩き、そしてニコリとも笑わない、おじさんのような中年女である。

〈当時わたしは男性の服を着て、男性的な髪型をする女性がいることを知らなかった　でも、旅先で自分の故郷から来た人と偶然出会った時、たとえそれまで一度も言葉を交わしたことがなくても、見ただけで同じ国から来たことがわかるように、わたしもその女性のことがわかり、喜びが押し寄せてきた〉

ブルースもその女性に気づき、不機嫌そうな顔で「ああいうふうになりたいのか？」と訊く。娘にはもちろん「なりたくない」と答える他に選択肢がない。

〈でも、その男性的なレズビアンのトラック運転手の光景は、何年もの間わたしを励まし続けた……たぶん同じように父も忘れられなかったのだ〉

本作は二〇一三年に舞台化され、二〇一五年のトニー賞ではミュージカル作品賞を含む五部門で受賞した。舞台上には漫画家となった大人のアリソンに加え、少女期と学生期のアリソンも同時に登場し、ヒロインの回想を三人の女優が演じ分けていく。軽食堂のくだりは小さなアリソンが歌う「Ring Of Keys」というソロ曲に生まれ変わり、劇中の重要なハイライトの一つとなった。大人のアリソンが「old school butch」と端的に表現する同じ女性の特徴を、幼いアリソンは珍しそうに一つ一つ挙げていく。男っぽい歩き方、女らしくない身のこなし、短い髪、ダンガリーシャツに編み上げのブーツ、そして、腰にぶら下げた鍵束。

〈心の中であなたに「ハイ」って声をかけているのがわかる？　どうしてこの店にいる人の中で、私だけが、あなたのことをこう思うんだろう、きれいだ……いや、「ハンサム」だって！〉（筆者訳）

小さなアリソンの歌は、ただ一方的に眺めただけの、それも初めて見かけるタイプの人間に向かって、「I know you」と繰り返し呼びかけて終わる。あの人は私にとって大切な人だ。これからもずっと私を励まし続け、心の中で話し相手になってくれるだろう。血縁じゃない、直接語ったこともない、つながりがあると示す証拠は何一つないけれど、それを誰かに証明する必要もない。彼女は「私のおばさん」だ。自分がそうわかっていれば十分なのだ。

ブロードウェイ版のオリジナルキャストとして小さなアリソンを演じたシドニー・ルーカスは、弱冠十一歳でトニー賞の助演女優賞にノミネートされ、授賞式でこの「Ring Of Keys」を披露した。抜群の表現力とともに胸を打つのは、小さな少女がセクシュアリティを自覚する瞬間を高らかに歌い上げるそのさまが、ゴールデンタイムのCBSを通じて全米に生中継ブロードキャストされた、という事実である。

そうでなくともトニー賞の特番は毎年、確信犯的にマイノリティ博覧会の様相を呈する。各賞の受賞者が壇上から家族へ謝辞を述べると、大映しになった会場客席のパートナーは年の離れた同性であったり、子供たちは一人ずつ肌の色が違ったりする。何組ものゲイカップルがカメラを向けられるたびに濃厚な祝福のキスを見せつけ、女性クリエイターがトロフィーを高々と掲げて賃金平等を訴え、アジア系俳優が移民であった親に感謝しながら、非白人キャストへの正当な評価を求める。「埒外」が代わる代わる「私を見ろ」と主張する、オープンマイク・イベントのようだ。

年に一度の祭典、演劇関係者はきらびやかな笑顔を公衆の面前に晒す。顔の知られたセレブリティもいるが、普段は映像業界と接点の薄い者も多い。公共の電波に乗せて不特定多数のマイノリティへ勇気と激励を届ける、またとない機会なのである。保守的な田舎町に住み周囲に理解者を得られずにいる、かつての自分のような孤独な少年少女に彼らは、君は一人じゃないよ、と呼びかける。この広い地球上には、こんなにクィアな仲間が、誰にも虐げられず幸福に生きる街だってある、とみんな全力で、「ブラウン管越しのキリン」を演じきるのだ。

私という人間のいくらかは、あなたで構成されていると言ってもいいぐらいです。すっかり人生の道筋をつけたヤマザキマリが、晴れて兼高かおると対面を果たしたときに投げたこの言葉に、多くのおばさんたちは驚き戸惑うだろう。数十年前、フィラデルフィアの軽食堂にいた名も無い中年女はおそらく、自分を歌った歌が二〇一五年のある晩に米国全土で視聴され、世界にまで中継されたことを知らずに一生を終える。その「おばさん」は、個別の誰かに特別な言葉をかけ、具体的に何かしてやったわけではない。

それでも、「見ただけで同じ国から来たことがわかる」ような姿を人前にあらわすだけで、そのほんの一瞬で、おばさんが、甥たち姪たちのさまよえる魂を救済することもあるのだ。テレビと共に育った我々は、そのことをよく知っている。

かわいいおばあちゃんになりたい？

悲しむのはいや、憎むのも

萩尾望都『ポーの一族』は、不老不死の吸血鬼《バンパネラ》となった少年たちの漂泊の旅を描いたオムニバス形式の漫画作品だ。「はるかな国の花や小鳥」と題された短編（一九七五年発表）では、主人公エドガーが滞在先でエルゼリという女性と知り合う。

メイドに「お嬢さま」と呼ばれるミス・エルゼリ・バードは二十代後半。五年前に亡くなった「伯母」からバラの咲き誇る庭と屋敷を譲られて一人で暮らしている。好きなものに囲まれて何不自由なく幸福そうな、少女の面影を残した女性である。町の男の子たちは美しいエルゼリに会いたくて屋敷を訪ね、医師のヒルスも彼女と挨拶を交わすためにわざわざ道を迂回して往診へ向かう。

エルゼリ率いる少年合唱隊に出入りするようになったエドガーはほどなく彼女の過去を知る。十年ほど前、「ハンサムで文なしのハロルド・リーといい仲になったけど　彼はカネめあてに商人の娘と結婚しちまった」「それで恋人へのはらいせに独身でいるんだって」。以後、エルゼリはヒルス医師からの求婚を何度も断っているのだと、誰もが知っている。

「目をさましたら？　あなたは夢をみてるんだ　みんな現実に直面して　なやんだり憎んだり悲しんだりしてるんだ　なぜ？　あなただけ幸せでいられるはずないよ！」と問い詰

めるエドガーに、エルゼリは「でも憎むのはいや　悲しむのもいや」と答える。

〈悲しみも憎しみも　それらの心は行き場がない　わたし弱虫　そんな感情にはたえられない　だからあの人を愛していたいの　それだけで幸せでいられる〉

やがてハロルド・リーの訃報が届き、エルゼリは自室に籠もって手首を切るが、なんとか一命を取り留める。昔の恋なんか忘れてヒルス先生と結婚すればいいんだ、と言う町の少年に、強く同意するエドガー。彼は人知れず百数十年の歳月を生きてきたバンパネラであるから、老成した物腰で普段はめったに感情を露わにしない。ところがエルゼリの自殺未遂には激しく動揺し、涙まで流して、きちんと別れも告げずにその町を立ち去る。

三年後に彼女が亡くなると、「あの人は人間にはなりえなかったのでした」「たぶん　生まれながらの妖精だったのです」と述懐して、短い物語が終わる。エルゼリ・バードはバンパネラでもないのに「みずから時を止めて生きる」者だった。大人にならぬまま、与えられた愛や幸福だけを見つめて夢の世界に閉じこもり、三十年ほどでこの世を去った少女。不老不死とは似て非なるエルゼリが自死を選ぼうとすることを、エドガーは哀しげな表情をもって強く否定する。

〈ムシがよすぎる　エルゼリ　あなた　自分のためにだけ生きて〉

『ポーの一族』と人間の女の子たち

本作は一九七六年に五巻で完結してのち、二〇一六年から現在に至るまで新作の発表も続いている、少女漫画の金字塔である。十四歳のまま年をとらない少年、エドガーとアランの目を通して、有限の生命を生きる人間たちへの愛惜が綴られる。私にとってこの作品は、菅原孝標女にとっての『源氏物語』のようなもの。本書第一部に書いた通り、小学生のとき親戚の「おばさん」から「ゆかしくしたまふなる物」として譲られたコミックスは、今も大事な宝物となっている。

別の短編「リデル・森の中」（一九七五年発表）では、エドガーとアランが森で幼い少女を拾う。二人の少年の食が細いのは「大きくならない」からだと説明された少女リデルは、「じゃ　リデルも大きくなんなーい！」と拗《す》ねてみせるが、静かに怒る育ての親に恐れをなし、苦手なコールドチキンをせっせと口へ運ぶ。十歳になった彼女は実の祖母のもとへ返され、人間社会へ復帰するにつれ、ある違和感に気づく。

〈コールドチキンをお食べ　大きくなるために　エドガーは？　14……　ぼくたちは大きくならない（略）彼らはそのままなのだ　わたしだけが年ごとに年をとり　だから彼らはわたしを見はなしたのだ〉〈わたしは毎夜　窓をあけて眠りました　成長を止めるには死ぬしかなく　でもわたしは死ねやせず　それでも　彼らがとつぜん訪れはしないかと　そして　いつか窓を閉じたのでした〉

幼いリデルが十四を越えて大きくなるとき、成長することのないエドガーとアランはそっと姿を消す。初読時に私はちょうどリデルと同じ年頃だった。時を止めて永遠に少女でいることは叶わない。人間の女の子たるもの、いずれ誰もが幼年期の終焉を受け容れて、自分で子供部屋の窓を閉じなければならないのだと、深く感銘を受けたものだ。

ところが私はこの三十年余、同じ作品を読みながら正反対のメッセージを受け取った人々とも、数多く出会ってきた。幼馴染の一人は「私もエドガーやアランと一緒に旅に出たい」とうっとり口にして、毎夜、リデルのように子供部屋の窓を開けて寝ているのだと打ち明けてくれた。その後も「大人になんかなりたくない」と嘆き悲しむ人間の女の子たちと机を並べて、私は「年ごとに年をと」った。少女の時間を真空パックで永久保存したまま放浪の旅に出たい、と切に願う彼女らもまた、『ポーの一族』を大切な座右の書として挙げるのだった。

初潮を迎えること、体重が増えて乳房が膨らむこと、男たちから性的なまなざしを浴び、通学路を歩くだけで援助交際を持ちかけられること、そのうち制服を脱ぐ日が来たら、きっとあっという間に成人して皺くちゃのババアになってしまうこと。楽しい時間は一瞬で終わり、毎日が絶望の連続だ。互いに身を寄せ合っても、襲い来る悲しみや苦しみは半減するどころか、歪《いびつ》な共鳴によって倍増するようにさえ思えた。

コールドチキンを拒んで摂食障害になった子もいれば、淡い初恋を失ってエルゼリのように手首を切る子もいた。卒業が近づけば「私たち永遠に友達だよね？」としつこく問い質された。永遠は無理だろう、と答えるわけにもいかず力無く頷いたが、そんな子たちともすぐ疎遠になってしまった。

「グレンスミスの日記」（一九七二年発表）に登場するエリザベス・ロングバード曰く、不老不死の一族の伝説は「弱い人たち」が生きるつらさを慰めるために見る「かなうことのない夢」だという。なるほど私の周囲にいた少女たちのいくたりかは、たしかに弱く、脆く、傷つきやすかった。強さ図太さを得ることよりも、時計の針を止めて夢物語の中に閉じこもることを選び取ろうとしていた。今は良妻賢母然としてFacebookに笑顔の家族写真など投稿している幼馴染だって、人知れず深傷《ふかで》を負っていた過去があることを、私はしつこく憶えている。

しかし人間としての成熟を拒む乙女たちは、他ならぬ憧れのエドガーによって「ムシがよすぎる」と一刀両断されるのである。耽美な佇まいから誤解されがちだが、そもそも彼自身、好き好んで永遠の時を生きているわけではない。実の親に捨てられて拾われた先がたまたま吸血鬼の村で、一族のことを口外しない代わり、自分の幼い妹には手を出させない、と密約を交わし、特例で成人前に一族に加えられた。いわば口封じの犠牲者なのだ。

その後、みずからの手で妹メリーベルや同い年のアランを仲間に引き入れることとなるのだが、永遠に子供でいたいと強く願った者たちに対してさえ、彼らをヒトならざる身に堕としたことを悔やみ苦しみ続けるのが、エドガーである。「大人の都合で未来を奪われた」子供が主人公という意味では、養育放棄と父殺しがテーマの『メッシュ』、児童性虐待を描いた『残酷な神が支配する』、昏睡状態の少女が見る夢に時の無い理想郷が立ち現れる『バルバラ異界』、といった後年の萩尾作品とも相通じる。

約四十年ぶりの『ポーの一族』シリーズ新作となった「春の夢」（二〇一六年発表）には、クロエという新キャラクターが登場する。この白髪交じりの「おばさん」は九世紀頃から生き続けているバンパネラだ。彼女は年に一度、エドガーのフレッシュで濃い「気《エナジー》」を吸い取ることで艶やかに若返るのを楽しみにしている。不老不死の一族にもアンチエイジングの妙薬が存在するわけだ。しかし、契約を越えて多くを求めすぎたクロエには、制裁と追放が待っていた。

〈「…長く歳月を重ねると　自らの〝気〟に澱がたまっていく　無用に求め　過剰にあさり　さらに飢え　身を滅ぼしていく」〉

無限の時間を与えられながらも、あけすけな物言いで若さを渇望し、滑稽なほど老醜を晒し、それにより「身を滅ぼす」とまで言われる中年女性クロエの造形は、四十年来の愛読者たちに今一度、本作のテーマを突きつける。時を止めておくことは不可能だし、漫然と生きるだけでは上手に齢を重ねることもままならない。我ら人間は、時計の針をいじくることなく、現実逃避の悪あがきもやめて、与えられた時をきちんと刻んでいかなければならないのだ。

今現在も私は、まだ同じ少女漫画の続きを読み、そして少女時代の続きを生きている。エルゼリになること勿《なか》れ、クロエになること勿れ。私にとってこの作品はいつだって、人間として「大きく」成長するための「強さ」を与えてくれる宝物である。

ガールとグランマの森を抜けて

さて、「将来、かわいいおばあちゃんになりたい」というフレーズがある。花咲く乙女を名乗れぬ年齢に達したら、一瞬にしてかわいい老女に変貌を遂げたい、と願望を口にする女性たちがいる。永遠に少女のままではいられないと悟った者の、次なる一手である。

ここで言う「かわいい」の意味は、ルックスの良さだけではない。可愛い、愛す可《べ》き、lovable、beloved、誰からも愛でられる存在。衰えた肉体の奥に覆われた、色褪せぬ少女性を見出されて、惜しみない愛を「与えられる」、いたいけで受け身な存在。人間として生きる最晩年の時間を、そんな姿で迎えたいという願いである。「はるかな国の花や小鳥」のエルゼリ・バードが自殺未遂を乗り越え、もう数十年ほど夢の世界を浮遊して生き永らえたら、きっと「かわいいおばあちゃん」と呼ばれたことだろう。いつも心にエドガーを住まわせてきた私にしてみれば「ムシがよすぎる」の一語に尽きるが、あまり厳しいことを書くと同性から猛反発を受けかねないほど、「かわいいおばあちゃんになりたい」人々は多い。

どこが起源だとか誰が提唱者だとか犯人探しをするつもりはないが、私がこのフレーズを頻繁に耳にしたのは、俗に言う「乙女カルチャー」と密接に関わっていたゆえだ。伝説のファッション雑誌「Olive」の文化勢力圏で十代を過ごし、「森ガール」という呼称が流行《はや》って廃れた時期に二十代を過ごした私は、二〇〇〇年代半ばから会社勤めの傍ら、池袋コミュニティ・カレッジ「乙女美学校」で講師助手を務めていた。美しく歳を重ねるための教養を磨くという名目の文化講座で、同時代に複数存在した乙女ムーヴメントの震源地の一つだ。

肌の露出を抑えて体型が隠れるレトロなドレスやアンティーク着物。森の小動物や夢見る妖精のモチーフ。アリスにモリス、それいゆとりぼん、オードリーとフランソワーズ。水森亜土と田村セツコ、こけしとマトリョーシカ、マルセイユ石鹼と籠バッグ、自然派、手作り、天然素材、こだわりの生活雑貨。当時再評価が高まっていたのは、純真無垢な「ガール」が目利きの「グランマ」からとっておきのお下がりアイテムを譲り受けるような世界観、スローでエシカルで丁寧なライフスタイルである。なぜかマザーもアントも不在。

いかつい革ジャンに網タイツを合わせて夜な夜な深酒とジャンクフードを貪《むさぼ》っていた私さえ、森ガールと対を成し、シティガール、などと呼ばれたものだ。どこからともなく免罪符が降ってきて、とっくに成人したはずの我々が「女の子」を名乗ってよい期間が知らぬうちに延長された、という不思議な体感がある時代だった。その猶予期間は、ジェーン・スーのエッセイタイトル『貴様いつまで女子でいるつもりだ問題』（二〇一四年刊）に横面を張り飛ばされるまで続く。

これは何も特定の時代に起こった異例の現象というわけではない。おそらくは太古の昔から、同じ森の小径《こみち》が踏みしだかれてきた。あわよくばなるべく長く「少女」でいたい。成人後も「ガール」を名乗り、永遠の「乙女」を標榜し、「女子」を留年して延滞料金を支払いながら、凡庸で退屈で責務も多い「おばさん」ルートを逸れ、抜け道でうまいこといきなり「おばあちゃん」へと到達したい。じつに長く、そして根強く、形を変えて支持され続けてきた思想であろう。

現代美術家のやなぎみわは、一九九九年から『マイ・グランドマザーズ』の制作を続けている。まだ若い女性たちにインタビューを重ね、特殊メイクや舞台装置を整えてみずからの「理想の五十年後」を体現させた写真作品だ。淡交社から二〇〇九年に刊行された同題の作品集には、制作過程がこのように記されている。

〈（……）早く老成することを心のどこかで願っていたやなぎが、人々の心のなかにある自分の老いた姿を作品として生み出そうと始めたシリーズである。（略）ファンタジーのなかに生きる老女もいれば、静かに老いを受け入れる姿もある。制作時のモデルの年齢と経験が反映された祖母像である。しかしいずれのモデルたちも一足飛びに理想の姿を手に入れることは許されず、この後の人生に何が起こり、何を選択して50年後に至るのか、その想像の根拠をやなぎから繰り返し問いかけられる。〉（丹羽晴美「マイ・グランドマザーズ　共鳴する記憶」）

モデルとなった女性たちとの対話の中で頻繁に語られたのは、「少女から老女へ一足飛びしたい」との想いである。茫漠とした中年期を過ごす同世代の女性を嫌悪する気持ちは、やなぎ自身も抱いていたという。彼女はその着想を次作『フェアリーテール（Fairy Tale)』（二〇〇四年〜）へと繋げていく。童話や寓話をモチーフにしたモノクロプリントの組写真で、案内人を務めるのは、頭からテントを被り、少女の脚と老婆の手を持つ「砂女」だ。

若さと美貌に嫉妬した白雪姫の継母、グレーテルをまるまる肥え太らせてから食べようとするお菓子の家のおばあさん、眠り姫、ラプンツェル、赤ずきん、そしてガブリエル・ガルシア＝マルケスの小説『エレンディラ』に登場する、孫娘にテントで客をとらせる祖母。マスクを被って醜い老婆の役を演じるのも、子供と呼んでよい背格好の少女たちである。皺だらけの顔とすべすべした幼い肢体の落差が、鑑賞者を不穏な気持ちにさせる。記号的に対置された老と若、生と死、少女と老女だけで中間のない劇場だ。

明るく朗らかに「かわいいおばあちゃんになりたい！」と口にする女性と新しく知り合うたび、からりと無欲な響きを持つ言葉の裏に、どす黒い欲望を捉えてしまう。やなぎみわの作品を通して親しんできた、あのグロテスクな情景。少女と老女の間にぽっかり空いた、不気味な穴を覗き込む気分だ。「おばさん」はどこへ消えたのだろう。他ならぬ女たち自身がその言葉を消し、CG加工で蓋をして、テント小屋の屋根の下、舞台の奈落へ埋めたのではないか。

少女漫画を愛読し、生成りの服を身にまとった乙女ちっくな森ガールたちは、否、どんな服でどんな漫画を読もうとも私たち女は、ほとんどみんなすべて、世間から「おばさん」と呼ばれる時期をうまく躱《かわ》して、都合よくスッ飛ばしたい、と考えている。少女でないなら老女でいたい。そんな究極の二択に誘惑される瞬間は、誰にでも訪れる。だがそれは本当に心からの願望なのだろうか。もしも少女でないのなら、あとは老女になるしかない。誰かから、何かから、あるはずの選択肢を削られて、そう思い込まされているだけではないだろうか？

『たんぽぽのお酒』、一億兆年に一度の嘘

レイ・ブラッドベリの半自伝的小説『たんぽぽのお酒』（一九五七年原著刊）にも、個性豊かな「おばさん」たちが登場する。舞台は一九二八年、アメリカ・イリノイ州の架空の町グリーン・タウン。少年ダグラス・スポールディングの、二度と戻らない夏休みを描いた作品である。語り手が十二歳の男の子であるから、よぼよぼの老婦人からオールドミスまで、年上の女性はみんなその老いざまを興味深く覗き込まれては、観察記録をつけられる。大おばちゃんやローズ伯母、ミス・ヘレン・ルーミス、ミス・ファーンとミス・ロバータ、エルマイラ・ブラウンとクララ・グッドウォータ、ラヴィニアとフランシーン……。

七十二歳のベントレー夫人もその一人。レコード、ドレス、お皿、数年前に亡くなった夫の遺品、その他とっておける物は何でもとっておく、物持ちのよい老婦人である。ある日、彼女の庭に二人の女の子と小さな男の子が侵入する。アリスとジェーン、そしてダグラスの弟トムだ。子供たちにアイスクリームを買ってやったベントレー夫人がファーストネームを名乗ると、トムは「年とった女のひとが姓のほかに名を持っているなんて、知らなかったよ」と驚いてみせる。

「昔はわたしもきれいなかわいい女の子だったわ」と言うベントレー夫人に、ジェーンは「お母さんが嘘をつくのはよくないって」と返す。誰が嘘を言っているって？「おばさん

だわ」……女の子たちは、彼女の思い出話をまるで信じようとしない。「わたしたちをからかっているんだわ」とクスクス笑うので、夫人は腹を立てる。

〈「わたしが以前に少女だったことをいままで疑ったりした人はいないわ。なんてばかげた、おそろしいことでしょうね。年をとっていることは気にしていないのよ――ほんとうに――でも子ども時代をわたしから取りあげたりすれば断じておこるわ」〉（北山克彦訳）

十歳やそこらの少年少女にとっては、毎日一緒に過ごす父母たち大人の加齢を実感するのは難しい。初めて言葉を交わす老婦人なら尚更だ。ジェーンは「十歳のときのあなたを見た」人物を誰か連れて来て証言させろ、と言う。若き日のベントレー夫人を見知っていた者は何千人といたが、そのほとんどが死んでしまった。代わりに彼女はいくつか証拠を見せる。九歳のときの櫛《くし》、八歳のときの指輪、七歳のときの写真、でも、そんなものは誰かから盗んだ偽物かもしれない。婚姻証明書を出して見せたって、彼女の夫はもうどこにも存在しないのだ。

ベントレー夫人は少女の手首を摑み、いつかあなたも私と同じように年をとる、そのとき人は同じことを言うだろう、と教え諭す。「いつかあんたもわたしのようになる」。しかし少女たちは「ならないわ！」と一蹴し、大事な指輪や櫛を取りあげて持ち逃げする。

〈ああ神さま、子どもたちは子どもたち、老いた女は老いた女、中間にはなにもないのだわ。子どもたちには目に見えない変化は想像できはしないのだわ。〉

その後、彼女は夜更けまで、思い出を詰め込んだ大きなトランクに囲まれて眠れずにいた。これは本当に自分のものだろうか？　それともあの小さな少女たちが笑ったように、自分には過去があるのだと自分自身に信じ込ませるための、ごまかしなのだろうか。夫人は、亡き夫の言葉を思い出す。

〈「ねえおまえ、おまえはいつまでたっても時間というものがわからないんじゃないだろうかね？　おまえはいつも、今晩おまえが現にある一個の人間であろうとするよりも、過去にあったものごとになろうとつとめているね。どうして入場券の使いのこりや劇場のプログラムをしまっておくんだね？　あとになって苦しくおもうだけだよ。捨ててしまいなさい、おまえ」（略）「いくら一生懸命におまえがかつてあったものになろうとしてみたところで、いまここに現にあるものにしかなれないのさ」〉

翌朝、ベントレー夫人は裏庭で大きな焚火をして、身の回りの品を処分する。「それはわたしのものじゃない。どれもだれのものでもないわ」と言って、服も万華鏡もスケートも人形も、訪ねてきた子らに譲ってしまう。喧嘩腰でいがみ合っていた老女と少女は和解して、短いエピソードはこんな会話で終わる。

〈「若かったことなんかなかったんでしょ、こういうリボンやドレスを着たことは一度もないんでしょ？」／「ないわ」／「姓のほかに名があるの？」／「わたしの名前はベントレー夫人ですよ」（略）「そしてきれいだったことは一度もなかったのね」（略）「一度もありませんよ」と、ベントレー婦人《ママ》がいった。「一億兆年に一度も」〉

一つの時間は、過ぎてしまえばもう終わり。過ぎゆく子供時代を手元にとどめておくことはできない。自分がいつまでもずっと九歳や三十歳のままでいられるかのように感じるのは錯覚で、あるのはただ「現在」だけだ。遺していった妻の夢枕に立つベントレー氏の言葉は、至極尤《もっと》もである。しかし思い出の品を、すべて捨ててしまうこともなかったのではないか。

少女たちの無邪気さ、残酷さが、老婦人の時計をいじくり回して完全に針を止めてしまった。説得を諦め、リセットボタンを押したベントレー夫人は、「若くてきれいな女の子だったことなんか一度もないのだ」とみずからの言葉で過去を消し去り、生まれながらの老婆にメタモルフォーゼした。同じように年をとり、宝物のような少女時代を奪われたとき、ジェーンとアリスはそれぞれにベントレー夫人のことを思い出すだろう。そして、一億兆年おばあちゃんだったと微笑む彼女が、「嘘」をついていたことに気づく。その事実はきっと時限爆弾のように元少女たちの後半生を苦しめるに違いない。

森高千里と後藤久美子と美少女の国

一九六七年、ビートルズは「When I'm Sixty Four」で、僕が六十四歳になっても必要として、ずっと愛してくれるかい？　と問うた。ポール・マッカートニーが十代で書き始めた曲だという。かたや一九九二年、二十代前半の森高千里は、「ずっとこのままいよう」と言う恋人に、〈私がオバさんになっても　本当に変わらない？　とても心配だわ　あなたが　若い子が好きだから〉と切り返した。〈女ざかりは19だ〉なんて冗談を言う男とは、彼が望む関係性を「ずっと」保つことは難しいだろう、という痛烈な皮肉を込めて。

男たちは良くも悪くも明確に年齢を区切って物を言うけれど、森高自身が作詞を手がけたこの曲「私がオバさんになっても」で歌われる「オバさん」とは、いったい何歳くらいを指すのだろう。私は漠然と、当時三十代後半だった母方の叔母を想定して聴いていた。理由は単純で、彼女の夫がミニスカートを穿いた森高の脚線美に夢中だと聞いたからだ。

二児の母となったオバさんの妻を愛することと、ガールポップ歌手にデレデレ鼻の下を伸ばすこととは、叔父の中で何ら矛盾なく両立する。そう学んだ少女の頃、うんと大人の女性だと思っていた森高千里は、現在五十代。じつは私と十歳ほどしか年齢が違わない。

たまに年嵩の女性から「あなたはおばさんなんて名乗っちゃダメよ！　私だってまだ名乗ってないんだから！」と叱られることがある。おまえにはまだ早い、その資格はない、若造が先んじて宣言するのは筋違いだ、と。ヨシと号令がかかるまでおとなしく順番を待っていろ、というずいぶん居丈高な年功序列の強要である。「でも、森高千里だってとっくにオバさんになりましたよ？」と口答えしたくなる。

何度も繰り返すように、「おばさん」という言葉それ自体には本来、中年の女性という意味しかない。もしこの事実に過剰な驚きや違和感をおぼえ、耐え難いほどの痛みを感じ、見て見ぬフリをしたいというのならば、それはあなたの辞書にある「おばさん」の項目に、後から書き込まれた余計な定義が、あなた自身を苦しめているだけなのである。

「あらいやだ、あたくしはね、自分がおばさんだなんて絶対に言わないのよ、だって、誰からも愛されないオンナとして終わってる年増のブスみたいな響きがあるでしょ？　キモくてダサくて所帯じみてて、おおいやだ！」と大騒ぎする女性たちの物言いには胸が詰まる。おそらくは娘時代から周囲の男性たちに吹き込まれてきたのだろう、加齢への差別意識、老いへの蔑視、エイジズムを内面化して、すっかりそれに囚われている。女の価値は若さと美しさで決まり、いつか失われれば生き地獄に堕とされると、本気で信じてしまっているらしい。誰が何を名乗ろうと気にせずあなたらしく生きればよいのに、なぜ自分が恐れる同じ不幸に、後輩まで諸共に引きずり込もうとするのか。

一方で、「私、ババアだとかおばさんだとか、そんな自虐的な物言いをするのはやめたのよ、生涯オンナよ！」と言う年嵩の女性もいる。これは「かわいいおばあちゃん」へ抜ける森の小径の逆張りをする発想で、幼女期も中年期も老年期も、我々が往くところは美しく舗装された「オンナ」の一本道と捉えればよい、という主張だ。少しはマシに聞こえるが、どうしても気にかかるのは、そのつるりとしたアスファルトの道を通行するとき、容赦無くぶつけられる他者からの視線である。我々がいくら頑張って「今も昔も、いつでもオンナ盛りよね！」と励まし合ったところで、「十九まで」などと勝手に線を引いてヤジを飛ばしてくる連中はいる。彼らを打ち倒さない限り、いくら言い逃れても何も変わらない。

それにしても十九歳とは、ずいぶんと手前に区切られたものだ。たとえば現在四十代後半の後藤久美子は、日本のメディアに露出するたび「劣化した」と騒がれている。私見を申せば若い頃以上に美しく感じられるほどなので何度でも驚いてしまう。ゴクミのように海外生活が長い女性は、主にはメイクや表情筋の使い方、そして言動について、事あるごとに「キツくなった」と指摘されるものだ。ならばその他の日本女性たちが優劣を競わされる、キツさの反対「やわらかさ」とは何なのか、といえば、それすなわち少女性のことなのである。

かつて「国民的美少女」と謳われた後藤久美子が、三十年かけて国際感覚を備えたマダムへと変容を遂げた事実を、日本の茶の間は頑として認めようとしない。ここは、人前に出る女性を永遠に未熟な存在として愛でたがる国。潔く加齢を引き受けた途端「すっかりオバサンになった」と老醜のレッテルを貼り、無きものとして扱う国。「美少女」の基準値からどれだけ近いか遠いかでオンナの時価総額をジャッジして、勝手に消費する国なのだ。女たちは永遠に上からゆるゆる撫でられ続け、永遠に下に置かれてふわふわナメられ続ける。早々にこの幼稚なランウェイから下りて自分の道を敷いて進んだ後藤久美子は、美貌以上にその賢明な判断をこそ称賛されて然るべきだろう。

オバさんになることは悲劇じゃない

もちろん私だって「死ね、ババア！」といった罵倒には人並みに腹を立てて反発することがある。しかし三十五を過ぎたあたりから、「まだまだ若い」「まだイケる」「その年齢には見えない」といった賛辞を浴びるときにも、喜びや誇らしさより苛立ちのほうが強くなってきた。我々はいったいいつまで、出場した覚えもないこの競争に駆り出され、モノのように値踏みされ続けるのか。「他のオバサンたちと違って、あなたはきれいでカワイイね！」と授与されるトロフィーを笑顔で受け取れば、たちまち構造的差別の共犯者となってしまう。

永遠に年をとらない美少女こそが絶対とされる文化勢力圏においては、一足早くオンナを捨てた女性も、いつまでもオンナにしがみつく女性も、等しく嘲笑される。少なくとも女性自身が「嘲笑する側」の論理に加担してはならない。おばさんだと笑われることから逃げ回るよりは、立ち止まって「おばさんを、笑うな」と怒ったほうがよいだろう。

男の「おじさん」宣言は早め早めがよいとされているのに、「おばさん」宣言ばかりが「まだ早い」と止められるのもおかしな話だ。生身の加齢をありのままポジティブに捉えた上で、森の小径でもアスファルトの舗道でも、ロリータ路線でも美魔女路線でも肝っ玉母さん路線でも、好きな道を切り拓いていくのが、真の自由というものではなかろうか。

なるべく長く少女でいたい女たちも、少しでも早く老成したい女たちも、ライフステージの中間地点は、強く、図太く、幅広く、それぞれになりたい「おばさん」像を見つけていけばよい。

いつまでも若く幼く無垢な童女のように微笑み続ける、愛される老婆になることは、自分ではない他の誰かに時計の針を止められて、過去を捨て未来を奪われ、牙を抜かれて生きることだ。私は自分の後に続く「人間の女の子」たちが、迷い道の果てに自己決定権を放棄する光景を目にしたくはない。ベントレー夫人は十歳の少女たちに嘘をついたけれど、私は何か別の道を示して未来まで運んでやりたい。「永遠に子供でいる」でも「かわいいおばあちゃんになる」でもない別の獣道を踏みしだいて、後続のために歩きやすく整えてやりたい。

映画『サンセット大通り』（一九五〇年公開）のクライマックス、サイレント映画時代の大女優ノーマ・デズモンドが、若い男性脚本家ジョーに言い放たれる有名な台詞がある。
〈There's nothing tragic about being fifty. Not unless you're trying to be twenty-five.〉（五十歳であることは悲劇ではないよ、あなたが二十五歳になろうとしているのでない限りはね。）（筆者訳）

ビートルズ同様、ここでも男は年齢を明確に区切って物を言う。だが、いつからどのように「おばさん」を名乗るかは、女たちの主体性にこそ委ねられている。自分がもう若くはないと認めるのは、悪いことでもなければ、怖いことでもない。何歳であることも悲劇ではなく、先を歩く「おばさん」たちの列に加わるのは、けっして不名誉なことではない。

「愛でられる少女でなくなったら、愛でられる老女になるしかない」という思想を持つ女性は一定数いるのだが、私はカッコいいおばさんになって口やかましくいたい。愛されるよりも愛するほうを選び、与えられる側ではなく与える側に回るには、私たちは、ちょっと背伸びをしてでも、自認に先んじて成熟した大人を目指さなければならないと思うのだ。

男と女と男おばさん

池田さんの性別、小春おばさんの年齢

渕上純子と船戸博史の二人からなるバンド・ふちがみとふなとに「池田さん」という曲がある。二〇〇八年発売のアルバム『フナトベーカリー』に収録された短い歌の、歌い出しはこうだ。

〈池田さんはバーのママだと　母が云っていたので　池田さんはバーのママなのだと
　わたしは思ってた〉（作詞・渕上純子）

板塀のある家に住む池田さん。低い声で、髪はいつも巻きかけ、「暗いから何歳かわからん」と言ってご町内の大人たちを笑わせる。子供の「わたし」はそのおばさんに「夜の匂いと女の人の匂い」を嗅ぎ取るのだが、子供なので、そんな匂いの実物を知っていたというわけでもない。

この詩は渕上の実体験にもとづいており、もともとは友部正人が主宰する詩の朗読イベントのために書き下ろされた。渕上、船戸、友部、三者の共演による「池田さん」を私が初めて聴いたのは二〇〇七年の初夏、東京吉祥寺のライブハウスだ。おそらくそのときだろう。演奏後の曲紹介で、友部が傍らの渕上にこう質問した。

「この、池田さんは、……女性？」

小さな会場がザワッとどよめいた。誰もがほとんど同じような情景を思い浮かべていたところへ、たった一言で別の新しい物語が広がってしまう。母が「ママ」と呼ぶから女性だと信じていた、その人物はたしかに、「わたし」がそうとは知らず初めて出会ったトランスジェンダーでもおかしくない。または、近所のおばさんたちと談笑しながら、男性として男性を愛する、ゲイバーの「ママ」だった可能性さえある。何かを指す言葉が、そのまま誤認をもたらすこともあるのだ。

渕上が「女性……だったと思います。でも、言われてみれば顔は友部さんに似てました」と答えて笑いが起こったが、私はその後もずっと、「池田さん」について考え続けて今に至る。我々の身近にいる、素性のよくわからない大人。自分を取り巻く世界の一部でありながら、密接な結びつきはない、断片的な関係。暗いところでは、年齢もわからん。そして、女かどうかもわからん。「おばさん」とは時に、性別をも超越した存在である。その得体の知れない曖昧さ、無敵の強さに憧れて、私は自分も早く「おばさん」になりたいと願っている。

また、こうも考える。友部正人が「その人は、女?」と確かめたのは、彼がおばさんを「異性」と見做しているからに他ならない。曲紹介のとき友部は、自身の小学生時代の思い出を語った。夕暮れ、近所にある二階屋の窓を見上げると、鏡台の前で肩を出して白粉をはたく「夜の女」の身支度が窺える。それがとても色っぽかったのだ、と。頭にカーラーを巻いて関西弁で笑う池田さんの描写はそんな艶《なまめ》かしさとはかけ離れているのに、友部は子供心に見惚れた大人の異性を連想した。だからこそ、池田さんが「女装の男性」ではないことを切実に確認したかったのだろう。

少女の渕上純子が強烈に記憶した「おばさん」、その生まれつきの性別が、女だろうと男だろうと、私には大差ないように感じられる。性別なんて些末な情報だ。私も将来的には誰かから「あの人は、……女性？」とおずおず訊ねられるような、そして誰一人としてそれにきっぱり回答できなくなるような、超次元の中高年になってみたい。だが男たちの目には、同じ「おばさん」がまるで別ものと映っているのかもしれない。そう考えるきっかけとなる出来事だった。

そういえば井上陽水にも「小春おばさん」という歌がある。冬風の厳しい季節、小さな田舎町に住む小春おばさんの家へ訪ねて行きたいな、〈明日必ず逢いに行くよ〉と甘えたように独り言つ、郷愁をそそる歌だ。この曲の解釈を巡って、あるとき飲み屋で大論争となった。

私をはじめ女性の多くは、遠国に住む「魔法使いのおばあさん」のような小春おばさんを想像する。冬を退ける春の精霊のメタファだ、と言った人もいる。ところが、その場にいた少なくない数の男性が、あれは具体的な人間女性を、それも「生まれ育った田舎で初恋を捧げた年上の美魔女」を慕う歌だと主張を始めた。どんなに優しく懐かしかろうと、色気の無い皺くちゃの老婆なら「明日必ず」逢いに行こうとは思わない、と熱弁を振るわれ、「おばさん」という言葉の多様性に驚かされたものである。

脳内イメージの依《よ》り代《しろ》として、「サントリーオールドの田中裕子」を挙げた男性がいた。一九九四年放送開始、「恋は、遠い日の花火ではない。」のキャッチコピーで一世を風靡《ふうび》したテレビＣＭシリーズのことだ。複数のバージョンが制作されているが、最初期とくに人気を博したのは、こんな一編。

三角巾にエプロン姿の田中裕子が店番を務める弁当屋へ、白衣を羽織った理系学生風の若者が通って来る。「毎日うちのお昼じゃ飽きちゃうでしょ?」と問うおばさんの目を見据えて、青年は「弁当だけじゃ、ないから……」と想いを告げて去っていく。加齢により性を超越し、昔のような色恋沙汰からはすっかり卒業したはずが、年下の男たちに美しさを見出されてまた「女」に引き戻される、そんな「おばさん」の姿である。

うーん、彼女ならばたしかに、のっぴきならない衝動的な恋情をかきたてられて、今日も明日も明後日も、会いに駆けつけたくなるだろう。春の精霊のようにふんわり非現実的だが、生活臭や大人の色香もしっかり漂っている。だがしかし、私の脳内「小春おばさん」は、どちらかというと、数え百歳でCMデビューした双子姉妹「きんさんぎんさん」に近い。思い立ったとき面会しないと今生で二度と会えなくなりそうな後期高齢者だ。あるいは石黒正数の漫画『それでも町は廻っている』に登場する亀井堂静のように、若くとも性的な匂いがしない「おねえさん」。どちらか二極しか考えられない。

年頃男子と美熟女と

加齢、贈与、出産、同居、おばさんにまつわるキーワードを追いかけていくと、ついつい「女同士の絆」に重きを置きがちだが、「異性との交わり」だって着目されて然るべき一要素である。男と契るおばさん。おばさんを恋い慕う男。青年の若さと対置された、熟女の老成。姪たちとはまた違う、甥たちとの物語。その類型もまた、古代から脈々と受け継がれてきてはいる。

『オイディプス王』の実母でありながら知らずに妻となり子も生したイオカステも、女の顔と獣の四肢に謎をそなえて立ちはだかり彼に倒されるスフィンクスも、男主人公の立場から見れば「大人の異性」である。アーサー王伝説の「湖の貴婦人」のように英雄たちの導き手となる女神もいれば、『源氏物語』の六条御息所に代表される「怒らせると怖い」中年女性キャラクターもいる。雑に括れば誰も彼もが「おばさん」だ。

映画『メリー・ポピンズ リターンズ』（二〇一八年公開）では、半世紀ぶりに風に乗って銀幕に舞い戻ってきたこの辣腕ナニーが、かつて少年だった男性から「あなたはいつまでも若いままだ」と眩しそうに仰ぎ見られる。男の子を魅了するエイジレスな年上の魔女は、たとえ次世代を導く「おばさん」の役割を引き受けていようと「加齢」に関しては超越している必要があるようだ。

二〇一九年にアニメ化を受けて大ヒットした漫画『鬼滅の刃』には、和服姿が艶っぽい「未亡人」のキャラクター、珠世が登場する。喪った我が子の姿を重ねるように少年主人公たちに協力し、つねに行動を共にする青年・愈史郎からは熱い思慕を寄せられている。その正体は二百年以上も生きている「老けない」鬼という設定だ。一時代前に同じ少年漫画誌から生まれたヒット作『幽☆遊☆白書』（一九九〇年連載開始）には推定七十代のメンター・幻海がいて、こちらは霊力が高まると二十歳前後の美少女にまで「若返る」。

少女でも老女でも不老不死でもないキャラクターというと、たとえば『めぞん一刻』の一の瀬花枝と六本木朱美などもいる。豪放磊落《らいらく》な「おかあさん」とスナック勤めの「夜の女」、対照的な中年女性だ。二人とも舞台となる一刻館の下宿人、一つ屋根の下で青年主人公の成長を助けるおばさんだが、どちらかというとヒロイン・音無響子の引き立て役、「恋愛攻略対象ではない」大人の女たちと言えるだろう。

人気テレビドラマ『相棒』シリーズでは、小料理屋「花の里」「こてまり」の女将《おかみ》が各話のエンディングに華を添える。こちらは男女の恋愛ではなく男二人のバディ感、ブラザーフッドの引き立て役といった風情。『シャーロック・ホームズ』シリーズで言うならば大家のハドスン夫人の位置付けの「おばさん」だろう。BBCドラマ『SHERLOCK』ではそのハドスン夫人に大きな肉付けが加えられ、現代に蘇ったシャーロック・ホームズとジョン・ワトソンのブロマンス要素を強調していた。男と男を結びつける二等辺三角形の一角のような存在。おばと姪を繋ぐ斜めの関係性とはずいぶん違う。

漫画『俺の空』（一九七六年連載開始）では、「人生の伴侶」を探す主人公が旅立ちの直前、高校の担任教師に「SEXを教えて下さい」と頼み込んで実際に手ほどきを受けるところがスタート地点となっている。なるほど「筆下ろし」の物語には年上女性が欠かせない。しかし逆に、ゴール地点で若者が「おばさん」をゲットしてめでたしめでたしとなる物語は、とんと思い浮かばない。むしろ、単に年下の恋人と結ばれただけの女性が不当な「年増」扱いを受ける描写のほうが多いように感じられる。

男性向けポルノグラフィーともなれば尚更だ。かつてアダルトビデオ業界を取材したとき、「主演女優の年齢が二十代後半を過ぎたら熟女モノです」「劇中で恋人や配偶者がいる（処女ではない）設定の登場人物は、『若い』とは謳えませんね」と言われて、仰天したことがある。「おばさん」の解釈は千差万別、多様で構わないとはいえ、そこまで広範に取られてしまっては、到底太刀打ちできない。

どんな物語にだって「おばさん」は登場しないわけではないけれど、「男から求められ、それに応じるおばさん」を選り分けるのは、なかなかに難しい……。そう考えているとき、ある人から「田辺聖子『恋の棺』はどうでしょう」とリクエストを受けた。たしかにあれは、「おばさん」という言葉が持つ二つの意味の両方を兼ね備えながら、自分よりも若い男性と性的に切り結ぶ女性を描いた作品だ。一九八五年に刊行された短編集『ジョゼと虎と魚たち』所収、実の甥と肉体関係を結ぶ叔母の物語である。

「恋の棺」の主人公は宇禰《うね》という二十九歳の女性で、インテリア関係の店に勤めている。四年前に離婚して現在は独身、子供はいない。親は他界し、腹違いの姉兄がいるがつきあいは疎遠で、行き来があるのは長姉の末息子である有二だけ。小学生のときに会ったきりだった甥は十九歳の予備校生となり、もう背丈も宇禰より高い。

再会後、お互い一目惚れのようにして惹かれ合った叔母と甥。有二は頻繁に「ウネちゃん」のマンションを訪ね、レコードを貸したり、本を借りたり、一緒に歌舞伎を観に行ったり。犬のように宇禰にまとわりついて、「いつも一緒にいてたい」とこぼす。同世代の女子よりもずっと魅力的だというその理由は、「オレ、ウネとしゃべってて、うちのお袋やなんかとしゃべってるときみたいに退屈せえへんもんな」……母親とは似て非なる、気のおけない、やさしい、甘えても叱られない、年上の女性だからだ。

宇禰のほうも、有二を見ていて飽きない。二人の間に張りめぐらされた性的関心の舵取りをしているのは彼女のほうで、物欲しそうにやってくる若い男の子をかわいいと感じながら、ついからかっていじめたくもなる。そんな自分の加虐心を、彼女は「魔法使いの婆さん」に喩える。

〈宇禰は彼が日曜の午後、ふらりとやってきたりすると、いつも「いい叔母サン」という感じでやさしく迎えてやる。しかし彼が踵を踏み潰したスニーカーを脱いで、若い男の汗の匂いをまきちらしながらはいってしまうと、宇禰は玄関のドアを閉め、ロックをし、ついに犠牲者を閉じこめた……とほくそ笑む気持になってしまう。〉

〈オトナはやさしさの仮面のうらで、いつ恫喝と威嚇に一変するかしれない、そのぶきみさをまだ知らない、世間知らずのういういしい信頼が、宇禰にはいたいたしい。

（略）そうして森の家へ迷いこんだヘンゼルとグレーテルを迎える魔法使いの婆さんのように有二を迎え入れ、彼が宇禰に気付かれないと思って、女の部屋のにおいをひそかに嗅いで楽しんでいる、その他愛なさを、宇禰のほうが楽しんでいるのであった。〉

好奇心旺盛なコドモと遊んでやりながら、養育者のモラルからは外れた位置にある、誘惑者としての「おばさん」。小学生の友部正人が見惚れていた二階屋の「大人の異性」も、こんな心持ちで表通りに窓を開け放し、白粉をはたいていたのだろうか。

宇禰は毎年九月に遅めの夏休みをとり、六甲山の山頂のホテルで数日過ごす。そこへ有二が現れる。親には合宿講習だと嘘をついて、黙って借りた兄のスーツとネクタイを着込んで。二人はなりゆきに任せて一線を越える。愛しい女性に実質的な初体験を捧げた有二は、幸福にのぼせながら「ウネちゃん。叔母さんでなかったら結婚したいよ」と言う。宇禰は「それはオバンていうほうの意味？」と混ぜっ返し、有二は「両方入ってる」と言って笑う。

だが宇禰のほうは、「こんなに好もしい、嬉しい機会は、これきり、これ一度でなくてはならない。／くりかえす気はないから底しれぬ愉悦となるのだ」と承知している。ちょうどよい大きさにまで成長した童貞を、思うがまま掌上で転がす、圧倒的な強者。無敵のおばさんだ。

男女関係において、女性はほぼ無条件に弱者、性暴力の被害者側とされる。女性が性被害に遭う確率は男性に比べて約四十倍で、性犯罪の加害者は男性が圧倒的。我が国における犯罪統計からすれば当然の感覚だ。しかし、時には女が強い立場から男を捕食することもある。血の繋がりも無くはない未成年を無責任に誘い、固く将来を誓うつもりなんてさらさらないという場合もある。まるで、若い女だった時分に男たちから受けてきた仕打ちを模倣するかのように。

「おばさん」とは結婚できない、とわかっていながらそれを夢見る男の子のかわいさを、いじめてつついて、それでおしまい。ひどい女だが、少なくとも読者は、女性の側が若い男に一方的に奪われて泣かされるような愁嘆場を見る心配だけはない。もし登場人物の男女が逆転した話なら、こんなに無邪気には愉しめないだろう。その非対称性すら小気味よく感じられる、印象深い短編である。

男と女で見えてる「もののけ」が違う

数年前からTwitterで、「#男と女で見えてる世界が違う」というハッシュタグが話題になっている。日本社会に蔓延する大小さまざまな性暴力犯罪、経済格差やありとあらゆる不平等に対して、女性が日々どれだけ神経質な自衛を強いられ、一方で男性がどれだけ無自覚で無頓着であるか、実例が無数に挙げられ続けている。そちらはそちらでご一読いただくとして、ここでは「男と女で見えてるおばさんが違う」可能性について、もう少し考えてみたい。

たとえば「口裂け女」という都市伝説がある。口元を覆い隠した女性が、学校帰りの子供たちに「私、きれい？」と訊ねる。肯定すると「これでも？」と言いながら耳まで裂けた口を見せてくる。否定すると、その場で刃物で斬りつけられる。逃げても逃げても、すごい速さで追いかけてくる。裂けた口は生まれつきだとか、整形手術に失敗したとか、事故死した女の亡霊だとか、諸説ある。「ポマード」と三回唱えると去っていく、べっこう飴を与えると逃げられる、といった対処法も一緒に語られる。

全国各地に類似の言い伝えがあるそうだが、Wikipedia によると、社会問題にまで発展したのは一九七九年。あまりの歴史の浅さに拍子抜けしてしまう。一九八〇年生まれの私が物心ついたとき、すでに第一次ブームは去っていた。子供心に、「いかにも男子小学生が考えそうな作り話だな」と呆れたものだ。恐ろしさよりも先に、同性として同情を寄せてしまう。

見るも無惨な顔を晒して「私、きれい？」と訊ね、他者からのジャッジを待ちわびる口裂け女は、この社会に蔓延するルッキズムの痛ましい犠牲者だ。それなのに、褒めても貶しても無差別に襲いかかってくる「加害者」として語り継がれ、忌み嫌われている。『白雪姫』の継母が大切にする魔法の鏡は男の声を持っている。口裂け女も、男児ばかり狙って声をかけるに違いない。その正体は、社会の中で増幅する「若い男を襲う怖いおばさん」のステレオタイプを煎じて煮詰めた妖怪だ。こんな女に、誰がした。

昔話に登場する女たちを題材にとったベストセラーエッセイ、はらだ有彩『日本のヤバい女の子』（二〇一八年刊）を読み解いた者ならば、口裂け女と対峙したとき「ポマード」より先にかけるべき言葉がわかるはずだ。大丈夫？　その傷、痛くない？　かわいそうに、いったい誰に裂かれたの？　話を聞かせて、何なら今から一緒に、元凶のそいつを殴りに行こうか？――登下校中の男児たちから望む回答が得られずとも、あなたはあなたのまま、ユニークフェイスで人生を謳歌してほしい。美人とかブスとか世間の承認に左右されて苦悩を増やすことはないよ、と声をかけてやりたい。

都市と男とおばさんの幻影といえば、村上春樹の短編「貧乏な叔母さんの話」（一九八〇年発表）も忘れ難い。語り手の「僕」は夏の始まりの午後、突然「貧乏な叔母さん」に心を捉えられる。それは一瞬の出来事だったが、彼は「貧乏な叔母さんについて書いてみたい」と思い、連れの女性にそう伝える。しかし、彼の親戚に貧乏な叔母さんがいるわけではないのだった。

「僕」の背中には漂白された影のようにして、貧乏な叔母さんがぴたりと貼りついた。友人たちにはその姿が、自分の母親や、死んだ老犬、顔にやけどを負った女教師などに見えるらしい。誰もがそれぞれに語るべき物語を持っているのに、「僕」の小説だけが一向に書き上がらない。実際に本物の貧乏な叔母さんを身内に抱え、何年か一緒に暮らしたこともある連れの女性は、叔母さんについて書く、という構想自体に賛成しない。

〈「彼女は存在するのよ、それだけ」彼女はそう言った。「あなたはそれを認めて、受け入れなくちゃいけない。理由も原因も、そんなものはどうでもいいことなのよ。貧乏な叔母さんはただそこに存在するのよ。貧乏な叔母さんというのは、その存在そのものが理由なのよ。私たちが特別な理由も原因もなくこうして今ここに存在しているの

と同じことなのよ」〉（『めくらやなぎと眠る女』所収、二〇〇九年刊）

冬になり、ある出来事をきっかけに、貧乏な叔母さんは「僕」の背中から消えた。そして、今なお何も書けずにいるこの小説家志望の男が、「貧乏な叔母さんたちの世界の、栄誉ある最初の桂冠詩人」という将来像を描き、書くべきものを摑みかけたところで、短い話が終わる。

結局のところ「貧乏な叔母さん」が何だったのかはよくわからない。一読したときには疫病神のようにも感じられ、繰り返し読むうち、創作を司る詩神《ミューズ》のようにも感じられる。若い男である「僕」からは最も遠くにあって捉え所がないが、最初に目がけていくべき、何か。男はそれに「叔母」という概念的な記号を当てたのだ。そのことがずっと頭から離れない。

似て非なる「おばさん」として思い出すのは、松田青子『おばちゃんたちのいるところ』（二〇一六年刊）に収録された「みがきをかける」という短編だ。東京で暮らす独身女性のもとへ、突然、おばちゃんが訪ねてくる話である。

〈おばちゃんは目を細めるようにして私の顔を見ながら、いかにも安い量販店で売っていそうなつっかけサンダルを、整然と並べてあったパンプスやバレエシューズの上に、私のファビオ・ルスコーニのパンプスとレペットのバレエシューズの上に、冗談のように脱ぎ散らかすと、「玄関せまっ」と大声で言いながら部屋にどしどしと上がり込み、「姿勢も悪いで。まあ、それはもともとか。ほれ」と、私の背中を手の裏で軽く叩く。私は、ひっと、背筋を伸ばした。そうしながら、おばちゃんが脱いだサンダルの、かかとに不細工に刻まれた踏み癖を、信じられない思いで見つめる。後ろで、お

ばちゃんが「廊下せまっ」とまた大声を上げる。〉
村上春樹の「おばさん」描写との、この解像度の差よ。「貧乏な叔母さんの話なんて誰も読みたがらない」と言ったあの彼女が、筆の進まない彼氏の代わりに自分の叔母を小説に書いたら、きっとこんな生々しい情報量となっただろう。そんな比較をしてみたくなるのは、具象性のカタマリのようなこのおばちゃんもまた、一年前に首を吊って自殺した「実体のない」女性だからである。
生前スナックのママをしていたおばちゃんは、失恋して永久脱毛に執心する「私」を、「つまらん男にフラれたくらいで、急に牙抜かれたみたいにならんと、清姫みたいにがんばってほしいねん。毛の力はあんたのパワーやで」「わたしたち、もののけになりましょう」と諭して、また去っていく。これは落語や歌舞伎などの古典作品を題材にとった連作短編の一作目で、清姫は『娘道成寺』に登場する、恋に破れて大蛇に化身した清姫のことだ。
「貧乏な叔母さんの話」も「みがきをかける」も、「もののけのようなおばさんに貼りつかれた」若者の話である。男は遠くに見えるものを捉え損ねて、自分から最も遠いヒト型のイメージを当てはめる。かたや女は、ヒトではないもののけとなったおばちゃんにさえ、同性同士の愛着を抱く。私なんかより実の息子のほうに化けて出てあげなよ、とツッコミを入れもするのだが、「おばさん」にだって、いの一番に顔を見せて背中をバシバシ叩きたくなる、男の子よりほっとけない女の子たちが、いるものなのである。

テリー・ジョーンズと『トッツィー』

「男とおばさん」について書き綴っていた二〇二〇年一月二十一日、テリー・ジョーンズの訃報が届いた。英国のコメディグループ「モンティ・パイソン」のメンバーで、一九八九年に亡くなったグレアム・チャップマンに続いて二人目の鬼籍入り。前頭側頭型認知症を患って長く闘病を続けていたが、かつては数々の映画を監督し、後年は歴史学者としても名を馳せ、みんな大好き「裸でオルガンを弾く男」であり、また「本物と見紛うばかりのおばさん」でもあった人物だ。

BBCのテレビシリーズ『空飛ぶモンティ・パイソン』（一九六九年放送開始）では、シーズン1の第一話から、「ミセス・ペパーポット」が登場する。大きな帽子と眼鏡、ずんぐりした体型に野暮ったい服装でいつも不機嫌そうな顔、どこにでもいる庶民的な高齢女性たちには、メンバー自身が扮している。キンキン甲高《かんだか》い声でかしましく無意味なおしゃべりをまくしたて、象が踏んでも壊れない強度を誇る、いくら指をさして嘲笑しても大丈夫なキャラクターとして戯画化された、「いじってもいい」おばさんたちだ。

パイソンズはたびたび、スケッチの作風が男性中心的、女性蔑視的であるとの批判を受けている。名門大学出身の白人男性だけで構成された集団が紡ぐ、排他的でホモソーシャルかつホモフォビック（同性愛嫌悪的）な笑いの表現。時代感覚の違いもあるとはいえ、過去のスケッチの一つ一つや、メンバーの迂闊な言動のすべてを、全面擁護するのは厳しいものがある。ミセス・ペパーポットをはじめとする雑な女装についても然り。はっきり嫌悪感を示す女性もいて、私にはその気持ちもよくわかるのだが、しかし、テリー・ジョーンズの女装だけは別格だった。

もともとの容姿のためか、演技力の賜物か、彼が扮する「おばさん」だけは、否定的な意見を吹き飛ばすほど、抜きん出て完成度が高い。息子を抱きしめる母親、夫に悪態をつく妻、何を演じても実在する中年女性のように見える。そしてその上手さが時折、残酷にも、残りのミセス・ペパーポットたちの不完全性を白日の下に晒してしまう。開き直りと照れ隠し、「本当の俺は、おばさんではなく、男だ」というフォビックな態度。全身全霊でおばさんを演じきるテリー・ジョーンズの隣に、いい加減な扮装でいい加減におばさんを演じる他の男たちが立つと、その差は歴然とする。

「男がおばさんに化ける」ときに起こる笑いの多くは、現実世界を生きるおばさんたちの尊厳を踏みつけることで成り立っている。これは女装に限らず、あらゆる文化の盗用について言えることだろう。もちろん、世に数多ある女装のすべてが女性への冒瀆《ぼうとく》とまでは思わないけれど、誰かが何かのイメージを借用して模倣するとき、然るべきコストを支払って引用参照元への敬意を示しているかは、一目瞭然にして大変に重要な評価基準である。そのことについて考えるとき私は、大爆笑のＳＥが被せられたミセス・ペパーポットの寸劇、その数名の中でテリー・ジョーンズ一人だけが、視聴者をうっかり真顔に戻すほど見事に「おばさん」を演じていた姿を何度でも思い返すのだ。

パイソンズはコントの舞台裏を明かすことはなかったが、一九八二年公開のアメリカ映画『トッツィー』では、「男がおばさんに化ける」苦労自体がコメディのモチーフとなっている。ダスティン・ホフマンが女装によって世を欺く男性を好演し、数々の主演男優賞を受賞した。

失業中の売れない中年俳優、マイケル・ドーシー。どんな役でも器用に演じられるが、頑固な性格に芝居熱心が加わって、演出家やエージェントとはしょっちゅう衝突している。演技コーチや大衆食堂のウェイターで食いつなぎ、脚本家の友人と男二人でルームシェア。いい女と見ればすぐ口説くタイプだが、まったくモテない。あるとき、女友達のサンディがお昼のメロドラマ『病院物語』のオーディションに落ちた。決まりかけの仕事をまた失ったマイケルは、ここで一計を案じる。女装して偽名「ドロシー・マイケルズ」を名乗り、同じオーディションを受けて見事合格、サンディの代わりに番組レギュラーの役を射止めてしまうのだ。

セクハラ院長に鉄拳制裁をかます総務部長の「おばさん」役、女優ドロシーはたちまち大人気となる。男性優位の撮影現場で使い捨ての女性キャストたちが低く扱われ、ハニー、ベイビー、トッツィーなどと適当な呼ばれ方をするのにも、「私にはドロシーという名前がある！」と毅然とした態度で言い返し、一目置かれるようになる。ファンレターは週二千通、視聴率も大幅アップ。男優マイケルが長年熱望しながら得られずにいた、大成功だ。

共演者のジュリーは、とくにドロシーを慕っている。幼くして母を亡くし、自身は一歳児を抱えた未婚のシングルマザーで、親子ほど歳の離れた番組ディレクターとのズブズブした男女関係を断ち切れずにいる。若く美しく賢いが、日々の生活に疲れきり、周囲の求めに応じておバカキャラを演じていた女性だ。ドロシーを自宅に招いて家族を紹介し、あなたは「自分に正直になるお手本」だわ、と好意を寄せてくるジュリーに、男マイケルは恋をしてしまう。

性別さえ違えば別の人生が開けるのに、という願望に端を発した物語は、日本文学では平安末期成立の『とりかへばや物語』がある。異性装にまつわる喜劇なら、『十二夜』などのシェイクスピア戯曲も思い浮かぶ。後年でいうと、妻から離婚を言い渡された男が家政婦に化けて自分の家へ舞い戻る、ロビン・ウィリアムズ主演『ミセス・ダウト』（一九九三年公開）とも相通じるプロットだ。「ダメなおじさん」が女装した途端、みるみる「人気者のおばさん」となって調子づく。ああ、こんなに人生イージーモードなら、俺、最初からおばさんに生まれていればよかったぜ！

しかし、「どんな真実でも嘘よりはマシよ」という作中の台詞に象徴されるように、何かを装って得たものはすべて、その装いを解けば失われてしまう。『トッツィー』の物語終盤、ドロシーことマイケルがすべてを告白すると、たちまち怒ったジュリーはいきなり拳で腹を殴る。まぁ当然の反応だ。あなたじゃなくてドロシーに会いたいんだ、と言うジュリーに、マイケルは、彼女は今もここにいて、君に会いたがっている、と応じる。

〈I was a better man with you, as a woman... than I ever was with a woman, as a man. You know what I mean? I just gotta learn to do it without the dress.〉（女として君と一緒にいるときの僕は、よかった。今まで男としてどんな女性と一緒にいるときよりも、いい奴だった。わかるかな。これからはドレスを脱いで、そうなりたいんだ。）（筆者訳）

もう少しだけ、いい奴に

『トッツィー』は二〇一八年に舞台化され、こちらも二〇一九年のトニー賞でミュージカル主演男優賞とミュージカル脚本賞に輝いた。筋書きは映画版と変わらないが、歳月を経て巧みにアップデートされており、納得の受賞といえる。ドロシーと「相思相愛」になったジュリーは、映画版では拒んでいた同性愛者への転向を試みる。ベテラン俳優にレイプされかけるシーンは、若きイケメンからの熱烈な純愛アタックに変更された。ディレクター役の男尊女卑的な言動は、観客のブーイングを煽って最後に成敗される「絶対悪」として描き直され、全米で問題視されている男女の賃金格差にもきっちり言及している。

ラストシーンの印象もずいぶん違う。映画版は、仲直りを決めたジュリーがマイケルに「今度あの黄色い服、貸してくれる?」と訊き、肩を抱き合って水に流すところで終わる。だが舞台版は笑って許して一件落着とはならない。男が女の姿を「盗用」して女から信頼を奪い取ったことの罪、社会的強者が社会的弱者に「偽りの連帯」を示してドタバタ騒ぎを起こしたことへの罰は、四十年前よりずっと重く科せられるのだ。嘘の仮面を脱いで、もう一度、友達以上の関係を取り戻したい、という結末の台詞が書き換わったわけではないのだが、演出が違えばまるで別の響きに聴こえる。

映画版より意気消沈して絶望的な面持ちのマイケルと、まだ完全に許してはいないが、怒って立ち去りもしないジュリー。仮装一つで今までと違う自分になれたら人生楽勝だが、そう簡単には運ばない。誰もが「男性性」「女性性」を着脱しながら生きることに限界を感じている。一方で、意中の相手にはロマンティックな性の役割期待を押しつけてしまう。人は皆、そうしたダメさに理解を示し、寄り添ってくれるような相手を探して、ブラザーフッド、シスターフッド、男女の友情やパートナーシップを求める。『トッツィー』の新演出は、男女がゆっくり歩み寄りを始め、壊れた関係の修復を予感させる、ほろ苦い余韻とともに終わった。

一九八〇年代、男がおばさんになる映画は喜劇だった。本物そっくりによくできたニセモノのおばさんを観て、みんなで一緒に笑い転げたものだ。二〇一〇年代、男がおばさんになる舞台は、悲劇ではないが、せつなさとともに再評価される。誰もがみな、秘密を抱え、他者の承認を渇望し、厚化粧を塗りたくって欲望をひた隠す、不完全な生き物だ。笑ってもらいたくて道化を演じたのに、笑われるとなんだか虚しくなる。女もそう。男もそう。ありのままの自分でいられたらいいのに、すっぴんで表通りに出るのは難しい。さまざまなステレオタイプに覆われた我々の心の奥底に、昔からずっとしみついていた悲哀が、ようやく描かれる時代になったのだとも言える。

ドロシー・マイケルズという「おばさん」だって、どんなに笑われてもへっちゃらな、完全無欠のキャラクターではない。かつては少女だった、これから老婆になる、もしかしたら股間にはおちんちんが付いているかもしれない、だけどできればドレスなしで「いい奴」でありたいと思っている、ただの一個の人間が、カッコよくて親しみやすい「おばさん」の着ぐるみを、内側から必死に動かしているだけなのだ。

口元の産毛を剃るとき、ボリュームの減った髪をふくらませるとき、華やかに彩るためでなくアラを隠すための化粧を施すとき、売れない俳優マイケル・ドーシーと、弁当屋の田中裕子と、バーのママ「池田さん」と、そして私との間に、大差はないように感じられる。今までと違う自分になりたいと願い、「善きおばさん」の外装を選んでまとって、社会の表通りへ飛び出していく。その「中の人」の生まれつきの性別が、「女」であろうとなかろうと、本当はどうだっていいんじゃないだろうか。

「あなたは、女?」と訊かれたとき、自分とよく似た、性を超越した誰かと肩を抱き合い、「いいえ、我々はみんな同じ、おばさんなのです」と胸張って答えられる未来が、いつか訪れるだろうか。それまでに取り除かねばならない障害が、拭い去ってアップデートをかけねばならない価値観が、あまりにも多い。そのためには「男」たちの協力も必須となるだろう。

女装したからってすぐ女になれるわけではない。おばさんになるのだって簡単じゃない。若い男から、若い女から、「いいよな、おばさんは気楽なもんだよなぁ」と嘲笑われそうになったら、そうした先入観をきっちり正すこともまた、「みんなで、おばさんになる」前に片付けておくべき、中年期の宿題の一つなのである。

第四部

社会の中に居場所を作る

新しい共同体は姨捨山の向こうに

役に立たないババアども

おばさんとは、みずからの加齢を引き受けた女性を指す言葉である。おじさん同様、斜めの位置から親とは異なる価値観を提示し、次世代の育成に大きく寄与する。素敵な贈り物を授けてくれたり、粋な背中を見せて励ましてくれたり、時々はお節介に干渉してきたり。その手助けは若者たちの人生を豊かにする。おばさんはおばさんなりに「make the world a better place」(世界をより良い場所にする)に努めていて、それなりの役割と居場所が確保された、れっきとした社会の一員である、はずだ。ところがその関係性は簡単に、「役に立たなくなったおばさんは、社会に居場所がなくなる」という意味にも裏返ってしまう。

古来、食うや食わずの極限状態に置かれた社会集団では、足手まといになった老人を山中へ置き捨てる風習があった。口減らしのために年寄りを間引く、というストーリーの昔話は、全世界に存在している。日本でとくに知られているのは「姨捨山」の話だろう。男のように狩りに出られず、閉経して子も産めなくなり、労働力としてもさほど期待がかけられない老女たちは、真っ先に切り捨ての対象となる。

役立たずのおばさんに、おめおめと生き永らえる価値はあるか？　衣食足りて敬老精神を知るはずの現代社会においてさえ、「いや、ない」と回答する者は少なくない。街の往来からウェブのＳＮＳまで、中高年女性とみれば「ババア、とっとと死ね」と嘲笑う、匿名の声はいちいち拾い上げる暇もないほどだ。彼女たちが今までの人生で獲得してきた功績や知見と、性的関心の対象となる機会の減退とは無関係であるのに、後者ばかりを根拠に人格から全否定し、発言権を奪うような誹謗中傷も後を絶たない。

女性たちが「おばさん」という言葉を避けたがる理由も、二十代後半あたりからさんざん罵倒語として浴びてきた結果、すっかり聞き飽きて、この四文字にまったく自己肯定感を得られないからであろう。しかし「おばさん」は本来ニュートラルな一般名詞である。そして我々おばさんは、他の誰かに勝手な物差しを当てられて、存在価値の有無をジャッジされる謂《いわ》れは、まったくない。あらゆる個人の生存権と尊厳は、つねに他者からの役割期待にまさるものなのだ。

ん、そうなんだったっけ？　と思わず訝《いぶか》りたくなるのは、「個」よりも「家」や「絆」を尊ぶような全体主義的思想を隠そうともしない我が国の現政権下において、この言説の信憑性さえもが刻々と脅かされているからだが……。我々にはこの「建前」を振りかざす権利がある。その「建前」を維持することは、人類の怠るべきでない義務とさえ言えるだろう。

たとえ「女」の土俵から降りようと、降ろされようと、用済みと罵られようとも、おばさんはおばさんとして、生き永らえてやる。息子たち娘たち、甥たち姪たちの「役に立つ」ことも大事だが、そんな使命があろうとなかろうと、他ならぬ自分自身の生を全うするためだけにだって、闘って生き延びてやる。そんな気概を取り戻すために、読み返したくなる「おばさん」たちの物語がある。

捨てられた『ふたりの老女』

一九六〇年生まれの作家ヴェルマ・ウォーリスは、北極圏から数キロの地点にあるユーコン川のほとり、アサバスカ語亜族の村で育った。彼女の第一作は『ふたりの老女』（一九九三年原著刊）、グウィッチン語を話す母親から直接聞いた伝説がもとになっている。これはユーコン川流域に住むアサバスカ族のほとんどの集落で耳にされる物語だという。

アラスカの極北に住む遊動民のグループの中に、二人の老女がいた。約八十歳の「チディギヤーク」と約七十五歳の「サ」、ともに杖をつき、キャンプ地からキャンプ地へと移動するたびに、身の回りの世話をしてくれる者を必要としていた。ところがある冬、かつてない寒さと食糧難に見舞われた集団のリーダーは、彼女たちを置いていくという苦渋の決断をする。事実上の死刑宣告である。

取り残されて誰にも頼れなくなったチディギヤークとサは、ただ坐していれば死ぬのを待つばかりだ。二人は立ち上がって火を熾《おこ》し、久しぶりに自力で罠を作ってリスやウサギを捕らえては、わずかな肉をスープにして食いつなぎ、寝床を調えて道具を点検する。そうして、今までは若い者に生活の面倒を看させ、赤ん坊のように、すっかり甘やかされていたのだということに気づく。

〈「あたしらには長い人生のあいだに身につけてきたことがいっぱいある。なのに、きのうまでは、年寄りだってのをいいことにして、自分たちは人生の役割をもう果たしたんだ、なんてことを考えてた。だから、なにもしなくなってた。（略）昔みたいに働こうとしなくなってたんだよ。まだからだはじょうぶだから、自分たちで思ってる以上のことができるはずなのにさ」〉（亀井よし子訳）

不平ばかり並べて満足を知らない、無力なばあさんが二人。置き去りにされた理由を悟ったサの言葉にチディギヤークは涙を浮かべるが、サは、こう続ける。

〈「そういう考え方がまちがってるってことを、思い知らせてやろうじゃないか！　あの連中に！　死にも！」（略）「そうさ、あたしらのことを待ってるんだよ、死は。あたしらがちょっとでも弱いところをみせたら、その瞬間にとっつかまえてやろうと思ってね。あたしは、あんたとあたしが経験するだろうどんな苦しみよりも、そういうかたちの死がこわい。どうせ死ぬなら、とことん闘って死んでやろうじゃないか！」〉

どうせなら、闘って死ぬ。これが二人の合言葉になった。老いぼれの役立たずだと見做されたのは自業自得だが、だからといって、このままその過ちを証明するような死は迎えたくない。彼女たちだって若い頃は自分のことは自分でまかなってきた。生きるに値するだけのことをしてきたのだと、身体が覚えている。

二人はかんじきを作り、獣の獲れないキャンプ地を出て、かつて豊漁に恵まれた入り江を目指す。一日の日照がわずか二、三時間という過酷な環境で旅を続け、雪穴で身を寄せ合って幾つもの夜を乗り越える。それまで親しくすることのなかった二人の老女は、初めて互いの身の上話をするようになる。

年長のチディギヤークは、集団の中に娘と孫息子がいた。実の娘が自分をあっさり捨てたこと、それでも孫息子が自分を慕ってくれていたことなどを思い出す。もともとチディギヤークは年頃になっても男性にさほど興味がなく、そうと知れると、うんと年上の男のところへ嫁がされてしまった。それでも子供を産み育て、高齢の夫を看取るまで妻としての務めを果たしてきたのだ。

サのほうは、父や兄弟と一緒に冒険に出かけるのが好きな、男の子みたいな少女だった。他の女たちが嫁いでいっても、狩りや釣りや探検をして、子供のように自由を謳歌し、代わりに男並みに食糧をとってきた。ある冬、当時所属していたグループが一人の老女を置き去りにすることを決めた際、猛反対したサは、一緒に厄介払いされてしまう。老女はその冬のうちに死んだが、サは同じくはぐれ者になった男とともに現在のグループに合流した。元の家族とは二度と会わず、夫も死んだので、今は天涯孤独だ。

望まぬ結婚を強いられた女と、男並みに働いて独りで過ごしてきた女。肉親から切り離され、社会からも見捨てられた二人は、なけなしの体力と驚異的な精神力を振り絞り、互いを励まし合いながら、どうにか冬を越した。ところが、陽気がよくなると自分たちを捨てた集団とふたたび鉢合わせする可能性が高くなる。一度失った信頼は取り戻せないし、もし食糧の奪い合いとなれば圧倒的に分が悪い。生き延びたと知れたことで、かえって殺されてしまうかもしれないのだ。どんな野生の危険より、同じ人間から向けられる敵意こそが恐ろしい。

元の集団のほうは人数が多いぶん、二人の老女以上につらい越冬を経験していた。やがて両者は、緊張の再会を果たす。老女たちが生き延びたことに誰もが驚き、そして、自分たちが下した早計な判断を悔やみ、彼女たちに二度と危害を加えない、と約束する。

〈かつてひとびとは、自分たちを強い人間だと思っていた。だが実際には、弱かったことを知らされた。そして、もっとも無力で役立たずだと思われていた老女たちが、強かったことをみずからに証明した。それが、みんなと老女たちのあいだに暗黙の理解を生んだ。ひとびとは、老女たちと交わることで、彼女たちのアドバイスを求め、新しい知恵を得たいと思っているのを発見した。いまようやく、長い人生を生き抜いてきた彼女たちに、自分たちが思う以上にたくさんの知恵があるにちがいないことに気づいたのだ。〉

それで老女たちのほうも、干し肉小屋にたっぷり蓄えた食糧を彼らに分け与えることにした。だが、さまざまな条件をつけて、元いた集団とは引き続き距離を置くことを決める。役立たずの年増女に、おめおめと生き永らえる価値はあるか？　との問いに、チディギヤークとサは、「それを決めるのは、おまえたちではない」と言わんばかりの答えを突き返した。まずは生きることが先、知恵を授けて役に立つのは、その後だ。付かず離れず集団からの独立を続ける二人は、みずからの手で棄老の掟を打ち破ったのだ。

死を拒むことが生きること

公的な記録を辿るのは難しいが、古来、世界各地で「老いすぎた者を捨てる」老人遺棄の風習が存在していたことは確かなようだ。たとえばヘロドトス『歴史』には、こんな記述がある。

〈マッサゲタイの国では、（生きていられる）年齢の制限というものが格別あるわけではないが、非常な高齢に達すると、縁者が皆集まってきてその男を殺し、それと一緒に家畜も屠って、肉を煮て一同で食べてしまう。こうなるのがこの国では最も仕合せなことであるとされており、病死したものは食わずに地中に埋め、殺されるまで生き

のびられなかったのは、不幸であったと気の毒がるのである。〉（松平千秋訳）

紀元前の時代、老人が天寿を全うすることは、文字通り子孫の「糧」となることを意味していた。食うや食わずで人権が無視されていた時代、役立たずの社会的弱者は、順番に足切りをすることでエコシステムを維持するのが一番だと考えられていたのだ。

しかし文明の発展とともに倫理観が変化して、こうした物語は「煮て食えばよい」という結末からは遠のいていく。『ふたりの老女』においても、口減らしという決断は、それよりもさらに悪い選択肢、人肉食を回避するための策として下された。そして今日まで継承される「棄老説話」といえば、慣習に従って老人を殺すのではなく、その古い掟を打ち破った者こそが讃えられる、というオチが常套である。大塚ひかり『昔話はなぜ、お爺さんとお婆さんが主役なのか』（二〇一五年刊）が、棄老説話を四つのパターンに分類している。

〈一「捨てられた老人が何かの助けで金持ちになり、真似をした息子や嫁が死ぬ」タイプ／二「老人を捨てた道具を孫が持ち帰ろうとして、自分もいずれ捨てられると悟った子が老親を捨てるのを思いとどまる」タイプ／三「老人を捨てよという国の決まりやお上の命令に反し、捨てられなかった老人の知恵が国を助ける」タイプ／四「捨てられる老人が子を思いやり、道に迷わぬように配慮したために、反省した子が捨てるのを思いとどまる」タイプ〉

たとえば『枕草子』に登場する話はタイプ三だ。一定年齢に達した高齢者はすべて殺すようにとお触れの出ていた国がある。しかし密かに匿われ養われていた老人がおり、その知恵によって大きな国難を退ける。改心した為政者がお触れを撤回して以後、老人は今のように敬われるようになった……というストーリーライン。これは世界各地に類似の民間伝承がある。

『大和物語』はタイプ四にあたる。信濃の更級に住む男が、嫁に勧められて育ての親である「おば」を山へ捨てに行くのだが、道中で子を思う親心に触れ、親を捨てる愚かしさに気づいてまた山へ戻り、連れ帰る。「わが心なぐさめかねつ更級や　姨捨山に照る月を見て」と男の詠んだ歌が、菅原孝標女『更級日記』のタイトルの由来にもなっている。

タイプ一は「罰が当たる」と脅し、タイプ二は「明日は我が身」と釘を刺す。いずれも、「人生経験豊富で思慮深い老人は、労働力としては役立たずでも、別の価値をもって敬われるべき存在である」との教訓を含んでいる。『ふたりの老女』もまた、老人の底力が驚きとともに再評価され、幸福な結末を迎える。とはいえ、人類の長い歴史の中では、親孝行の訓話として語り継がれなかった「その他」の事例もあるだろう。

信州の姨捨山伝説を下敷きにした深沢七郎の短編小説『楢山節考』（一九五六年発表）は、実母を真冬の山へ捨てに行く息子の物語である。息子の後妻を手配した老母おりんは、そろそろ七十に達するにもかかわらず健康体であることを恥じている。曾孫が生まれる前に山へ行きたいと、石臼のかどにぶつけて達者な歯を欠けさせ、六十九歳で待ち望んでいた「楢山まいり」を果たすのだ。

子を産み育て、畑仕事に精を出し、力が衰えれば家事の手伝いに回り、用意されたタイミングきっかりでおとなしく死ぬ。そんな無駄のない人生観を受け入れて、「不必要に長く生きるのは恥ずかしい」と考えた人々が、かつては多くいたのに違いない。

佐藤友哉の長編小説『デンデラ』（二〇〇九年発表）も、柳田國男『遠野物語』（一九一〇年発表）に書かれた「デンデラ野」の棄老伝説に因んだタイトルで、姥捨を描いている。幼少から「お山参りは極楽浄土への近道」と聞かされて育った主人公・斎藤カユは、七十歳を迎えて誇り高くお山へ入るのだが、雪中で意識を失ったところを拾われる。山の反対側には、捨てられた老婆たちが作った女だけの隠れ里があった。無事に常世へ旅立ったものと信じていた先達が五十人近くも生き延びている姿を見て、カユは「恥知らずが！」と激昂する。

デンデラと呼ばれるこの集落には、カユと親しかった黒井クラの姿もあった。クラは村にいた頃から寝たきりで、「周囲に迷惑をかける」と早く死にたがっていたのだが、デンデラへ来て初めて、生きたいと願うようになったという。そのクラが、羆の襲来を迎え撃つ役に立って絶命するとき、「最後まで死ぬ気で生きて、生きることを死ぬまで考えるんだ」と言い残す。この言葉はカユに大いなる混乱をもたらす。

「役に立つ」とはどういうことだろう。物思いに耽る暇もないほど忙しく働き、村社会での務めを果たすことか。足手まといのお荷物となる前に、進んで山へ捨てられに行き、坐して死を待つことか。それとも、立ち上がって生きがいを見出し、未来を託す仲間たちに掌の中の糧を分け与えることか。死に損なった己の命を屈辱と捉えていたカユも、最終的には彼女なりに「どうせなら、闘って死ぬ」を全うするラストへと駆け抜けていく。

『ふたりの老女』とはだいぶ趣が異なるが、『デンデラ』もまた、現代において棄老説話の「語り直し」を行ったフィクションだ。捨てる側ではなく捨てられる側の、捨てられて後の姿が描かれる。他者から「生かす価値がない」と見做されようと、立ち上がり、知恵を絞り、一日一日を生き延びて、そして闘いのさなかでバタバタと死んでいく老女たち。

村への復讐に燃えるにせよ、新しい平穏を望むにせよ、「与えられた死を拒む」女たちの物語である。

『マッドマックス』の鉄馬の女たち

人として生きることがまず先にあり、役割期待はその後だ。近年、とくに力強くこのメッセージを打ち出した作品といえば、映画『マッドマックス　怒りのデス・ロード』（二〇一五年公開）を挙げぬわけにはいくまい。約三十年ぶりに製作された『マッドマックス』シリーズの第四作、男性主人公の影が薄い代わりに「女」に焦点を当てた物語で、まったく新たな支持層を獲得した。

　舞台は核戦争後に文明社会が壊滅した世界。砂漠の中にある砦シタデルは、潤沢な地下水を牛耳る首領イモータン・ジョーが独裁支配していた。圧制下の群衆は環境汚染に喘ぎ、戦闘集団ウォーボーイズはジョーに狂信的なまでの忠誠を誓い、美しい健康体の女たちがジョーの「子産み女《ワイブス》」として奴隷のように幽閉されている。

　ところがあるとき、シタデルの大隊長を務めるフュリオサがイモータン・ジョーに反旗を翻す。「WE ARE NOT THINGS」（私たちはモノではない）との書き置きを残して五人のワイブスを連れ出し、タンカートレーラーを駆って逃亡計画を実行に移すのだ。子を産ませるための若い女《モノ》、栄養価の高い乳を搾取するための女《モノ》、あるいは戦闘員に健常な血液を供給するための男《モノ》として使い捨てられる支配からの逃走。このジョー対フュリオサの闘いに、主人公マックスは一個の血液袋として巻き込まれていく。

　二〇一五年度のアカデミー賞で最多の六部門受賞、世界興行収入三億七千五百万ドル超、といった評価はもちろんのこと、社会現象を巻き起こすほどの反響を呼んだ作品だ。公開の年、ニューヨークの街中であちこちのショーウィンドウに、シャーリーズ・セロン演じるフュリオサ大隊長のディスプレイを見かけた。化粧品ブランドはスキンヘッドのマネキンを眉上までグリースに見立てたグリッターで黒く塗り潰し、ファストファッションチェーンの店頭には、革製コルセットにベルトを二重三重に巻いてミリタリーパンツを合わせたコーディネートが飾られている。胸に大きく「フェミニスト」「ガールズパワー」などと書かれたTシャツを着て、若い女の子たちが夢中でその写真を撮っていた。

フュリオサに憧れるミレニアル世代よりも少し上にあたる私の周囲では、みずからを「鉄馬の女たち」と呼びなぞらえる中年女性が続出した。物語中盤でマックスら一行と合流する、女性だけのバイクチームの名称である。彼女たちは「緑の地」と呼ばれる集落の出身で、土壌汚染により故郷を追われた現在は砂漠地帯をテリトリーとしている。フュリオサもまた少女時代に「緑の地」から拐《かどわ》かされた過去を持ち、その後二十年間、故郷へ帰る機会を窺っていたのだった。

水資源を独占する男性権力者の虐待から逃れてきた「姪」たちを、少数精鋭で不毛の砂漠を駆け抜けてきた「おばさん」である鉄馬の女たちが出迎える場面は、中詰めにおいて希望の光となる。帰るべき故郷を喪ったフュリオサは逃避行から一転、ワイブスと鉄馬の女たち（とマックス）とともに、奪われたものすべてを奪還する道を選び、物語は一気に終盤戦へなだれ込むのだ。

掠奪《りゃくだつ》を受けて捨て置かれた女たちは、鉄馬を駆り、移動生活を営む新しいトライブに生まれ変わった。男の手を借りず、傷ついた年若い娘たちを助ける。権力支配と距離を置き、身軽な独立独歩を貫いて、自給自足で生き、闘って死ぬ。「年をとってオバサンになるのは嫌だけど、願わくは『鉄馬の女たち』のようなカッコいい中年になりたい」……そんな同世代の感想を耳にするたび、我々はやはり「おばさん」という呼称をみずからの手に取り戻さねばならない、と思ったものである。

　名前を奪われるということは、社会の中に確固たる居場所がなくなるということだ。「おばさん」がこのまま現実社会で罵倒語としてばかり使われ続けると、我々はこうしていつまでも、物語の中に登場する固有名詞を借り続けなければならない。誰に役立たずと言われようが、自分自身のために生を全うする。姨捨山の裏側には、そんな「おばさん」たちの世界もあるのだと、一般名詞で語り直すことができたら、どんなにいいだろう。

　一九九一年から一九九六年にかけて「ビッグコミック」に連載されていた、近藤ようこの漫画『ルームメイツ』も、そんな想いを受け止めてくれる作品の一つだ。といっても、初読時の私はまだ十代で、この作品の意味するところをほとんど理解できていなかった。手元に置いて繰り返し読み返すようになったのは二〇一六年、「マンガ図書館Z」で閲読可能となって以降である。

　弟妹を養うために独身で働き続けてきた元小学校教師・坂本時世と、芸者置屋の養女から「二号さん」となり家族を持たずに生きてきた長唄の師匠・菅ミハル。夫も子供もいない二人は、四十数年ぶりの小学校同窓会で意気投合し、共同名義で小さなマンションを購入する。そこへ、夫の定年を機に熟年離婚を決意して家出してきた専業主婦・潮田待子が転がり込んでくる。ともに還暦を迎えた女性三人が、新しい「家族」を形成する物語である。

還暦からの『ルームメイツ』

待子は旧姓の森川を名乗ってホームヘルパーの仕事を始め、初めての経済的自立を得て、みるみる若返っていく。長男の聡は母に離婚を思いとどまらせようとするが、その妻・淳子は、仕事一筋で家事もできない義父に夫の姿を重ね、これでは捨てられるのも仕方ない、と感じる。聡の妹・美智代は職場の同僚とDINKsの新婚生活を楽しんでいるが、さばけた関係性ゆえに「夫婦って何？」と悩みが尽きない。

「いかず後家」のまま定年まで教師を勤め上げた時世は塾講師に転身し、かつての同僚・安藤と偶然再会する。二人は急速に接近し、物語後半では事実婚カップルとして一緒に暮らし始める。生まれて初めて男性と同居する時世は、いびきの音が珍しいなどと言い、ミハルはそんなノロケを聞いて深酒に荒れる。本妻の手前、愛するダンナを独占できず、子供を産むことも我慢し続けてきたのだ。第二の人生を生きるため、女たちはそうやって六十年の半生を語り直し、折り合いをつけていく。

自分たちだけの城を築いた時世・ミハル・待子は、三人のフルネームを表札に掲げたその部屋を「実家」と呼ぶ。最終的にはマンションを売った金で老人ホームへ移る計画もあり、「三人でお墓に入ろう」という話も持ち上がる。シェアハウスという生活拠点を得たことにより、新しい家族を編み直すことが可能となった。彼女たちを取り巻く周囲でも、戦争が引き裂いた親子の縁、若い男女にとっての仕事と家庭の両立など、家族の在りようを問い直すエピソードが続く。

本作のヒロインたちは一九三〇年頃の生まれにあたる。満六十歳、世が世なら「姨捨山」送りとなる年齢だが、現代社会においては、まだまだ若々しく見える。近藤ようこのシンプルな描線の効果もあるだろうし、高齢化が進んだ現状の感覚では、相対的にさほど高齢と感じられないせいもあるだろう。「おばさん」には「これから」がある、というメッセージの普遍性は、今、三十年の時を経て、色褪せるどころか補強されている印象さえ受けるのだ。

彼女たちの合言葉は「新しい家族」だ。連載第一話、「あたしたちって、『家族』かしら」と問うミハルに、時世と待子は「きっと、家族よ」と答える。最終回も、見上げた満月を「いろいろあったけど、いっしょうけんめい生きて」きた自分たちの人生の充実になぞらえ、「ずっと家族よ…」と身を寄せ合う三人の姿で終わる。

〈「でも満月はいつかは欠けるわよ？」「三日月になったってお月さまはきれいよ…」「そうよ！　これからは自分の幸福のために生きていけばいいの。」〉

私は現在四十代前半で、友人知人には、二十代のうちから上野千鶴子『おひとりさまの老後』（二〇〇七年刊）を貪り読んできたような、働く女性たちが多い。既婚でも、未婚でも、都会暮らしでも、地方在住でも、彼女たちはしょっちゅう「老後は女だけで暮らしたいね」と口にする。死ぬときは誰でもおひとりさま、だとしたら、気が合う同性の仲間と一緒に、男子禁制のシェアハウスか介護付きマンションか何かで、自分の幸福のためにやすらぎの老後を迎えたいね、と。

ところが、私だけ十代から『ルームメイツ』を読んでいたせいか、どうにも及び腰になってしまう。私がこの作品から学んだのは、ただの仲良しこよしではなく、きちんと喧嘩のできる関係性でなければ、「家族」にはなれない、ということだ。そして、共同生活そのものに依存しすぎてはいけない、ということだ。

気ままに一人暮らしをしてきた時世とミハルは、入居当初、生活の足並みを揃えることができず、主婦歴の長い待子が間を取り持つことになる。些細なぶつかり合いが生じるたびに、怒ったり、嫉妬したり、「私の人生これでよかったのか」と自問自答を繰り返す。子供の頃の大親友とはいえ、まったく異なる人生を歩んできた他人同士なのだ。

三人はよく喧嘩する。互いの不満をぶちまけた後、問題点を洗い出し、話し合って解決策を探る。新しい仕事に慣れず家事のノルマがおろそかになる待子と時世に、もともと世話焼き気質のミハルは「あたしが一番ヒマだしさ」と家事を全部やろうと申し出る。時世はそれを「だれかが犠牲になっちゃだめなのよ！　それが他人同士で生活するためのルールよ!!」とものすごい剣幕で制止する。

「それじゃあ　なんのための女三人の共同生活かわからないわ！」という時世の言葉は重い。夫や子や孫がいる他の家族モデルにおいては、彼女たち「女」は真っ先に家族の「犠牲」となる存在なのだ。結局、家事の分担は当番制ではなく、各人の適性に合わせて係を固定することで落ち着くのだが、三人が末長く対等であり続けるためには不断の努力が必要なのだ、という点がきっちり描かれている。

家族に依存しすぎない家族像。どれだけ齢を重ねても、この調和を保つのが難しい。逆に言うと、それさえクリアできていれば、誰とだって好きに寄り集まって、どんな形の「家族」にだってなれるのだ。同性の親友同士で暮らせば必ずうまくいく、と夢見ている若いお嬢さんたちにおかれましては、「おばさん」になる前に、是非ご一読いただきたい作品である。

おばさんが、捨てる

『ルームメイツ』は老女が山に捨てられる話ではない。けれども、傍らにパートナーのいない老後を過ごすことになった女性たちが共同生活を始める、という意味では、『ふたりの老女』と相通じるものがある。時世とミハルと待子は、極寒の雪原で越冬するわけではない我々にとって、ぐっと身近なチディギヤークとサ。あるいは、決死の覚悟で砂漠地帯を越えずともふらりと訪ねて行ける、「鉄馬の女たち」のような存在である。

チディギヤークとサは、もともと属していた集団との軋轢を解消し、新しい関係を築いた。物語はこんな結末を迎える。

〈全員が旧交を温め合ったあと、リーダーはふたりの老女にグループの名誉ある地位をささげた。最初のうち、ひとびとはできるかぎり老女たちを助けたいと思っていた。なのに、老女たちは必要以上の手助けを許そうとはしなかった。彼女たちも、改めて知った自立の生活を楽しんでいたからだ。だから、ひとびとは、彼女たちの話に耳をかたむけるというかたちで、ふたりに対する敬愛の念を表現するにとどめることにした。〉

死と隣り合わせの苦境において思いもよらない力を引き出した老女たちに、今や誰もが最大限の敬意を払う。真冬の「姥捨」などなかったかのように関係性をリセットしてふたたび世話を焼くという意味ではない。二人の「独立」を尊重する、彼女たちの価値を決めるのは彼女たち自身だと、改めて認めることこそが、彼らの「敬老」なのだ。

生きている時間が長ければ長いほど、誰かの、何かの、役に立ってしまう機会も増える。

年嵩だというだけで発言が重んじられたり、それで年下から尊敬を集めてしまったりもする。ただ立っているだけでその背中がカッコよく意義深いものに見えてしまうこともある。だが、おばさんは、誰かの、何かの、役に立つため「だけ」にそこにいるわけではない。依存せず、束縛されず、モノや記号のようにも扱われずに、自分の幸福のために生きることを認められていなければならない。

だいたい三十歳前後から始まって、終わるのは六十歳か、六十五歳か、それとも理不尽な年金改悪による受給開始年齢の引き上げで、七十歳くらいまで長く延びただろうか。誰にも等しく三、四十年訪れる中年期は、人生八十年とすれば約半分、人生百二十年時代が到来しても、約三分の一近くを占めている。我々女性にとって、この「おばさんの時間」は、人生全体の充実を目指すためにも大変重要だ。名無しのままぼんやり過ごすわけにはいかない。

「おばさんですが、何か?」と名乗りを上げ、奪われた呼称を取り戻しながら、闘って、生き延びて、のさばっていきたいものである。そしてその際、社会や家族に多くを求めすぎるのは、どうやら得策ではなさそうだ。誰かの価値基準でちやほやされたり捨てられたりするより先に、みずからの価値基準で未練を捨てて、身軽になる。赤子のように庇護される立場を逃れ、自分の足で立ち上がる。世が世なら山へ捨てられていたおばさんが、欠けても美しい三日月のような後半生を再構築するには、そうした能動性が求められるのである。

働くこと、教えること、自由になること

『口笛の上手な白雪姫』の定位置

小川洋子『口笛の上手な白雪姫』（二〇一八年刊）の表題作は、とある「小母さん」にまつわる短編である。氏素性は不明ながら彼女は、公衆浴場の裏庭にある小屋に住んでいる。化粧気がなく痩せて顎が尖り、鉱物のような白い肌、口元には深い皺が目立つ。

公衆浴場の営業時間中、この小母さんは女湯の脱衣場の隅を定位置としている。三つ置かれたベビーベッドの脇に収まって、一時的に赤ん坊を預かって世話をするのだ。母親たちがゆっくり湯船に浸かる間、小母さんはごくごく小さな音量で口笛を吹いて聞かせ、赤子をあやす。正規のサービスではなく追加料金も不要、その便利な「働き」はすぐさま評判となり、乳飲み子を連れた女性客に重宝がられるようになる。

〈小母さんは公衆浴場の一部分だった。浴槽や蛇口や石鹼受けやスタンド式ヘアドライヤーといった必需品と、同様の存在とみなされていた。／お客さんも経営者も、出入り業者も衛生検査にやって来る役人も皆、小母さんが視界に入っても、ただそこにいるのだな、と思うだけで特別な反応は示さなかった。しかし無視するのとは違っていた。あえて口にしないだけで、誰もが彼女の役割を認めているのは間違いなかった。ある特定の客からは、なくてはならない人として頼りにされ、感謝され、場合によっ

ては敬意さえ表されていた。〉

赤ん坊をあやしている彼女は「お母さん？」「おばあさん？」と訊ねられると「いいや。ただの小母さん」と答える。それ以上の詮索を受けないのは、彼女には仕事があり、持ち場があり、そしてみんなの役に立っているからだ。浴場の壁にペンキで描かれた森の中、彼女の口笛が響き渡る。

〈このまま母親が戻ってこなければいいのに。口笛の合間に小母さんは、誰にも気づかれないよう、密かにそう願う。（略）小母さんは慌てて頭を横に振り、自分の願いを否定し、罰が当たらないように神様に謝る。（略）どうか神様、許して下さい。罰を与えないで下さい。夜が明けるまで、小母さんは祈り続ける。〉

この世のどこかに母親たちとはぐれた、「もしかしたら自分が生むはずだったかもしれない」子供たちがいる。それを慰めるために、彼女は口笛の練習を続ける。しかし、母と子供には神様が定めた一対一の組み合わせがあって、脱衣場での預かり物は、けっして小母さんのものにはならない。小母さんに許されているのは、ほんの束の間、母親代わりに子供を見守る、その役割だけである。「浴槽や蛇口や石鹼受けやスタンド式ヘアドライヤーといった必需品」、誰もが信頼を置き、その存在に感謝する。でもこの小母さんはきっと、この公衆浴場の他には居場所がない。

小川洋子の小説には不思議な仕事に従事する中高年女性が多く登場する。いつでも魅力的で、そしてどこか物悲しい。読んでいるうちは、彼女たちとずっと一緒に過ごしてみたい、と思うのだが、そうした願いは大抵叶わない。この短編を読んで私は、社会の中で「そこにしか居場所がない」ような働き方をしていた、おばさんたちのことを思い出した。

ヤクルト、学研、おばさんという生業

かつて「学研のおばちゃん」と呼ばれる職業があった。私が子供だった頃、学習研究社の児童向け学習雑誌『学習』『科学』を定期購読する家庭には、学研教育コンパニオンという販売員が、毎月の冊子を届けに来ていたのだ。ヤクルトレディやポーラレディなどの家庭訪問販売員、生保レディと称される保険外交員なども頻繁に我が家の玄関先に飛び込んで来た。これら「レディ」とはつまり、学研でいう「おばちゃん」にあたる言い換え表現だ、と刷り込まれるのに十分な頻度だった。

昔ながらの八百屋、肉屋、酒屋などで働くおばさんは、多くが夫婦で家業を営んでいる。タバコ屋、駄菓子屋、古本屋なども、店舗と連結された居住空間を覗き込み、店番するおばさんの生活を想像しやすい。小料理屋の女将やバーのママとなると、同じ中高年女性でもアイドルのようなもの、生活臭は鉄壁の防御で見事に断っていたりする。家事代行やビル清掃の女性たちは、他人の領域に上がり込んで働くぶん、自分の領域には頑として踏み込ませない独特の雰囲気がある。

訪問販売員のおばちゃんたちは、商店街のおかみさんのような馴れ馴れしさと、水商売のおねえさんのようなミステリアスさとを兼ね備え、テレビドラマで観る家政婦さんたちと同じくらい奥まで我が家へ上がり込んできた。フルネームが記載された名刺を置いていくし、入院中の夫がいるとか浪人中の息子がいるとか、訊かれてもいない個人情報を玄関先でばんばん開示していく。そのくせ、途中で別の担当者に代替わりしていても、まったく気づかないような匿名性もあった。おばさん、という生業《なりわい》の女性たちだ。子供の教育に

かける財布の紐を握っていたり、新色の化粧品を買いに出る暇もなかったりする主婦たちに寄り添い、そのよき話し相手となるのも仕事のうち。若い男性の営業マンでは、到底代わりが務まらない。

通学路上には「緑のおばさん」こと学童擁護員がいた。児童の登下校を誘導し、安全確保に当たる係員だ。てっきり地域住民のボランティア活動だと思っていたが、調べてみると、もとは戦後復興期、東京都で寡婦の雇用創出のために始まった制度だという説もある。JRグループ「キヨスク」の前身が、戦前からあった鉄道弘済会の駅売店で、主に鉄道殉職者の身内のための働き口を提供していた、という話もある。銭湯で子守をする小母さん、「口笛の上手な白雪姫」は、朗らかなヤクルトレディよりはこちらを連想させる。

それでいうと、広島でお好み焼きが名物なのも、戦後に寡婦の生業として店舗が増えた経緯があったのだという。屋号や暖簾とともに「男のいない女」であることを掲げさせられる自営業について、あれこれ想像を巡らせてしまう。通常ならば競合するような近隣の店と店との間に、似た者同士の連帯が芽生えたりしただろうか。はたまた、再婚話の持ち上がった店主が、ふたたび家庭に入る際「戦争未亡人の仕事」を継続することを周囲に反対され、お好み焼き屋を畳むことなどもあったのだろうか。

創出された雇用にぴったり嵌《は》まり、社会の隙間で固定化された役割を果たす。そんな「おばさんという生業」が見えづらくなったのは、女性労働者の職業選択の幅、それぞれの事情の受け皿が格段に広がって、あちこちへ散って行ったためだろう。学研の学習雑誌を読んで育った子供の私が成人するまでの十数年間にも、女性の社会進出はめざましく、社会の都合ではなく個人の都合によって、それぞれに合った労働条件の職場を選びやすくなった。腰掛けＯＬの寿退社、などという言葉が死語と化した代わりに、母になっても同じ職場に勤め続けることが当たり前になった。老いも若きも男も女も、共に働いて平等に稼ぎ、生計を立てていくことに、もう誰の許可も要らない。

そうしてそれぞれに勤めを終えた忙しい母親たちが、めいめい子連れで銭湯へやって来る。脱衣所の隅に座っている不思議なおばさんが子守を代わってくれるから、女たちはやっと自分自身に還り、ゆっくり湯に浸かることができる。口笛の上手な白雪姫は、家族という概念から切り離されて得体が知れない。でもだからこそ、育児のアウトソーシングも心安い。彼女にならば、しばらく赤ん坊を任せて世話を頼んでも大丈夫。誰だって義母には同じことを頼みづらいものだ。

私もこの「白雪姫」のような、謎めいたおばさんたちに見守られて育った記憶がある。地域社会の中に定位置があって、しかし、そこ以外の場所は選ぶ余地もなかったのだろうと思わせる、働く女性たち。お好み焼きを焼くのが下手な未亡人は、保険のセールスが苦手なレディは、いくらでも別の仕事へ移ればいいじゃないか、と今でこそ思うけれど、そうしたおばさんたちが独りで自活する道は、ごく最近まで非常に限られていたのだ。

たとえばほんの百数十年前の英国中産階級社会においては、ガヴァネス（住み込みの女家庭教師）となる以外に道のない女性たちがいた。神様が与え、世間様が認め、中年女「にも」許された居場所。きれいに拭おうとすればするほど、その拭き跡によって、もとは差別的なニュアンスが存在していたことが示されているようでもある。

川本静子『ガヴァネス　ヴィクトリア時代の〈余った女〉たち』（二〇〇七年刊）は、多数の一次資料と文学作品をひもときながら、十九世紀末のガヴァネスの実態に迫った本だ。

良家の子女を教え導く家庭教師。漠然と憧憬を抱いていたその職業が、けっして華やかなものではなかったことを、私はこの本で知った。

ガヴァネス、夫のいない女たち

独身女性が従事する「教える仕事」は神話の時代や女子修道院に起源を遡れるようだが、英国の小説で職業人のヒロインが描かれるようになったのは、ガヴァネスの急速な普及と密接な関係がある。シャーロット・ブロンテ『ジェーン・エア』（一八四七年原著刊）は、けっして美人ではない孤独なヒロインが、紆余曲折と男女対等な自由恋愛の末、雇い主の貴族と結ばれるラブストーリーで、その嚆矢《こうし》と見做されている。

異国に招かれて皇子皇女に英語を教え、近代化に寄与する『王様と私』（一九五六年映画公開）のアンナ・リーノウェンズも、アメリカで重複障害者のヘレン・ケラーを教え導いた『奇跡の人』（一九五九年舞台初演）のアン・サリヴァン先生も、ガヴァネスだ。史実に基づきながらドラマチックな脚色を加えられた物語の中、彼女たちは教養高く、進歩的で情熱的で、経済的に自立した我の強い女性として後世に語り継がれる。外へ出て働くことで社会と繋がっている現代の読者にとっても、感情移入しやすいヒロイン像といえるだろう。

川本静子は『ガヴァネス』で、我々の目に一見、今日的と映る彼女たちが、何も選り好んでその生業に行き着いたわけではない、という時代背景を明らかにする。一八四〇年代頃から成人男性の海外移住や晩婚化が進んだ英国内では、適齢期男女の数の均衡が崩れた結果、かつてない規模で大量の未婚女性が出現した。夫が見つからず父親の後ろ盾もない彼女たちは、どうにか自活せねばならない。

ところが当時、中産階級の「レディ」と呼ばれる女性たちに求められていたのは、良妻賢母としての資質のみ。男性の扶養の下で有閑生活を送るのがあるべき姿で、外へ働きに出て給料を得るなど、もってのほかだった。レディの身分に縛られたまま、レディとしての品位を失わずに就ける、ほぼ唯一の職業。それが「家の中でできる、物を教える仕事」ガヴァネスだったのだ。

一方の雇う側にしてみれば、住み込みの家庭教師を使って子女を教育するのは、学校に入れるよりも経済的な選択だった。多くのガヴァネスはレディの体面もあって給金は多く望まないし、立派な屋敷や調度品と同じく、彼女たちを抱えておくことはステイタスシンボルの一つとなる。川本は記す。

〈中産階級の妻たちは、完全なレディに変貌していく過程で、料理はコックに、掃除は女中に、子育ては乳母にと、主婦業および母親業の代行者を次々に必要としたが、娘たちを教育する仕事の代行者としてガヴァネスを必要としたのだった。ガヴァネスは女主人の有閑度を示す大切な道具立ての一つであり、M・ジャンヌ・ピータースンによれば（略）「ガヴァネスについて愚痴をこぼすことすら、ガヴァネスを誇示する一つの方法だった」のである。〉

同じ家に住んでいても家族ではなく、生まれ、振る舞い、教育の点では女主人と対等でありながら、財産の点では劣る、雇われ人。ガヴァネスは薄給で朝から晩までこき使われ、子守やお針子のような仕事もさせられる。女主人から一段低く見られているものだから、その子供たちや、他の家事使用人からも同じように軽視されて、高くも低くもない身分に独り孤立する。

みすず書房刊の単行本カバーにもあしらわれている、リチャード・レッドグレイヴの有名な絵『気の毒な先生』（一八四四年）が、その象徴と言えるだろう。明るい陽光の下、華やかなドレスを着た三人の令嬢たちが遊んでいる傍らで、教育係の女性だけが薄暗い室内に一人、地味な服装に陰鬱な表情で腰かけている。積み上げられた書物、音楽レッスン用のピアノ。手にした黒い縁取りの手紙はおそらく誰か身内の訃報だが、住み込みで雇われている彼女は、その死に目には遭えなかったはずだ。

川本は、「レディの教育にあたるからには、彼女自身がレディでなければならない」という建前と、「有給の仕事に従事する者はレディの範疇に属さない」という社会的合意の間で、矛盾した立場に置かれていたガヴァネスの声を拾っていく。時代が下ると、社会問題化したガヴァネスへの対策として、老後の備えを援助する互恵協会や、修業証明書を発行する養成機関が設立されていった。レディなら誰でもできる仕事だったガヴァネスは、次第に資格専門職の様相を呈するようになる。やがてそれは、女性の高等教育の機会拡大と職業選択の自由をめざすフェミニズム運動へと大きく発展していく。

『マチルダ』と女教師の幸せ

百年の時を経て新たに描かれる場合には、ガヴァネスに新しい意味づけが施されることもある。十六世紀半ば、英国の女王エリザベス一世が戴冠に至るまでを描いたミュージカル『レディ・ベス』（二〇一四年日本初演）では、実在した彼女の教育係キャサリン（キャット）・アシュリーが「大人になるまでに」（Growing Up）というナンバーを歌う。宗教対立と王位継承争いに翻弄され、つねに死の恐怖と隣り合わせにある教え子の行く末を案じる、年配の女性キャラクターだ。

やがて歴史に名を刻むこととなる若者に、血縁の呪縛から解放され、自分自身の道を見つけよ、と歌いかける「おばさん」。焼け落ちた屋敷前でロチェスター卿の愛を勝ち取るジェーン・エアや、きらびやかなドレスでシャム王とダンスを踊る『王様と私』のアンナに比べれば、ずいぶん地味なガヴァネスだ。二幕物の芝居の中盤、ベテランの女性プリンシパルが一曲ソロを披露するのは、舞台転換と衣装替えの時間を確保するための作劇上の都合と言えば、それまでである。しかし、だからこそ、この職業の本質を捉えているようにも見受けられる。

エリザベスは、劇中に書き加えられたラブロマンスと王になる天命との間で揺れ動き、最終的には史実通り「恋より仕事」を択ぶ。史実のアシュリーは、彼女が女王として即位した後も側近くに寄り添い続けたという。歴史劇のタイトルロールを演じることはなくとも、あるべき場所で務めを果たす「余った女」が、俯瞰で未来を語り聞かせる。時代物のお芝居の中に、一人だけ現代から舞い込んだような「働くおばさん」像である。

社会の中で働くおばさんの後を追いかけていくと、いやでも女性の職業選択の自由について考えさせられる。新しい物語が紡がれるたび、年若い女性キャラクターたちが「そうとしか生きられなかった」おばさんたちを飛び越え、時代や社会の束縛から解放されていく。ロアルド・ダール著『マチルダは小さな大天才』（一九八八年原著刊）もその一つだ。世界中の子供たち、そして大人たちが愛読書として挙げるベストセラーで、そういえばこちらもミュージカル化されている。

主人公のマチルダ・ワームウッドはわずか三歳で文字を覚え、四歳で図書館にある子供向けの本をすべて読破し、五歳前から大人向けの書棚に手を伸ばした。小学校へ上がると、登校初日にまだ教わっていない掛け算を果てしなく諳《そら》んじて、即興でリメリック（滑稽五行詩）を創作し、担任教師のミス・ハニーを驚かせる。

しかしながら、中古車売買業を営むマチルダの父親は金儲けのことしか考えていない俗物である。母親も「才走った女」は嫌いだと言って憚らず、娘のことをバカな嘘つきだと思って言い分に耳を貸そうともしない。賢いマチルダは大人たちの理不尽な抑圧にいたずらで仕返しをするのだが、あるとき、やってもいないことの犯人だと決めつけられた怒りが爆発して、ものに触れずに動かすという「超能力」に目覚めるのだった。

小学校の校長ミス・トランチブルもマチルダを目の敵にしている。筋肉モリモリの巨体で罪の無い子供たちにも違法すれすれの体罰を振るい、威張り散らして恐怖を植えつける、五十絡みの中年女性だ。バーネット夫人『小公女』のミンチン先生や、ハロルド・グレイの『小さな孤児アニー』のミス・ハニガンと同様、主人公によって挫かれるために登場する意地悪な悪役。典型的な「悪いおばさん」である。

対抗して登場する、マチルダにとっての「善いおばさん」が二人いる。一人は村の図書館員、ミセス・フェルプス。本を読まない両親のもとで育ち、『秘密の花園』よりももっと大人向けの本が読みたい、と相談する四歳児に、チャールズ・ディケンズ『大いなる遺産』を手渡す。そして続く半年の間に十四冊の文学作品を選んでやる。ジェーン・オースティン、H・G・ウェルズ、ジョン・スタインベック……『マチルダ』は好んで本を読む子供たちのために書かれた物語で、そしてこの本自体が、彼らに「次に読むべき本」を教え導くブックガイドとしても機能しているのだ。

もう一人の「善いおばさん」は、マチルダの通う小学校で最下級クラスを受け持つミス・ジェニファー・ハニーである。華奢で眼鏡を掛けていて、口数が少なく穏やかで、まだ二十三、四歳と若い。マチルダの非凡な才能にいち早く気づいて驚嘆し、どうにか飛び級させられないかと画策するのだが、校長に阻まれてしまう。

幼くして両親と死別したミス・ハニーは、法的後見人である独身の伯母に預けられた。伯母は他に身寄りのない彼女から親の遺産を奪い取り、すべての家事を押しつけた上、多額な養育費の返済を要求する。ミス・ハニーは、心身共に虐待を受けた少女時代を「(伯母の) 奴隷だった」と述懐する。進学を諦めて教職に就いてからも給料をすべて伯母に巻き上げられ、週一ポンドの極貧生活を強いられている。そしてその伯母とは、校長ミス・トランチブルのことなのである。

マチルダが「超能力」を駆使してミス・トランチブルをやっつけると、小学校は恐怖支配から解き放たれ、マチルダは晴れて最上級に飛び級が決まり、ミス・ハニーは父の遺産とともに元住んでいたお屋敷「赤い家」を取り戻す。そして、悪事が発覚して急遽国外逃亡することとなったワームウッド夫妻は、親権を放棄し、娘を村へ置き去りにして厄介払いする。ミス・ハニーとマチルダは「赤い家」で一緒に暮らすこととなった。強いシスターフッドで結ばれた二人が互いにかたく抱擁を交わし、古い血縁を離れて理想の「新しい家族」を手に入れる結末は、プリンスチャーミング不在のハッピー・エバー・アフターと呼んでよい。

少女の頃を忘れない

子供向けに書かれたこの本には、「善いおばさん」と「悪いおばさん」を見分けるヒントが隠されている。少女時代との連続性だ。恐ろしいミス・トランチブルは、「先生だって、はじめは赤ん坊だったんでしょう」と問う生徒に対して、「わたしは、一度も小さかったことはない」「わたしは、生まれてこのかた、ずっと大きかった」と真っ向から否定する。これは、第三部で紹介した『たんぽぽのお酒』のベントレー夫人がついたのと同じ「嘘」だ。

ベントレー夫人がみずからの少女時代を封印するために使った嘘を、ミス・トランチブルは権力強化のために使う。後から生まれてきたおまえたちは、永遠にずっと、私よりも弱く小さく愚かである。だから私の暴力に怯えながら命令におとなしく従っていればよいのだ、と。自分以外の全員を嘘つき呼ばわりする権力者が、誰よりも不正確なポスト・トゥルースを振りかざす。不都合な真実を細切れに覆い隠し、ファクトチェックに応じない。どこかの国の元大統領か内閣総理大臣みたいでもある。

一方のミス・ハニーは、自分の天才を持て余して戸惑う教え子マチルダを自宅へ招き入れ、身の上話をする。その内容は「わたしは、あなたみたいに、しっかりした子どもじゃなかったの」というものだった。大人になる前に不遇な少女時代があったこと、それを自力で乗り越えるのは不可能だったことを認めた上で、幼くして並外れた能力を発揮するマチルダに敬意を表し、自分にできなかったことを、あなたは若くして成し遂げられるかもしれない、と希望を託す。

ミス・ハニーは、農場労働者のために建てられた粗末なコテージを週十ペンスの家賃で借り受け、どうにか伯母から離れることに成功していた。マチルダは、いつもきちんと身だしなみを整えた人好きのする先生が、ろくに家具もない村はずれの小さな荒屋に住んでいるという事実に愕然とする。教師と生徒として出会い、教室で顔を合わせるだけだった二人が、放課後に校門の外で待ち合わせ、私的にお茶を共にするシーンは、新しい関係性への転換点となる。

〈マチルダは、これまで一度だって、ミス・ハニーがどこに住んでいるのか、考えてみたことなどなかった。いつも、ミス・ハニーをただ、ひとりの教師としてしか見ていなかった。どこからともなくあらわれて、学校で教え、そしてふたたび去っていく人間としか思っていなかった。先生たちが学校が終わったあとどこへ行くのか、気にする生徒がいるだろうか？　先生たちがひとりで暮らしているのか、それとも家に母親が、妹が、あるいは夫がいるかどうか、考える生徒がいるだろうか？／「ひとりっきりで暮らしているんですか、ミス・ハニー？」マチルダはきいた。／「そうよ」ミス・ハニーは言った。「ひとりっきりよ」〉（宮下嶺夫訳）

誰しも似た体験が一度や二度はあるだろう。私も幼い頃は、学校の先生たちが自分と同じ人間であるということを、何度も忘れそうになった。毎朝、登校したらそこにいるのが当たり前の存在。学校校舎に付属している生きた備品のようなもの、理科室の骨格標本に肉が付いて命が吹き込まれたもの、そんなふうに思っていたからだ。女湯の隅で口笛を聞かせて子守を務める「白雪姫」と同じようなものである。

だからこそ、学校で出会った二人が家族を再構築するという物語の結末に心打たれる。

本棚の無い家庭に育ったマチルダは、ミセス・フェルプスの手助けで読書家としての一歩を踏み出し、親に捨てられて親を捨て、新しい家族を得た。私生活について考えたこともなかったような相手が、あるとき家族同然の存在となる。親より尊敬できる人物が、親代わりに成長を見守ってくれる。私は天才少女ではなかったけれど、この本を読んで、この世のどこかにはこんなパートナーシップもあるのだと希望を胸に抱いた。成長すること、親元を離れること、自分の居場所を「今、ここ」以外の遠くに探し求めることを、躊躇したり怖がったりすることはないのだと知った。

「悪いおばさん」からトラウマを植え付けられたミス・ハニーもまた、自分より優れたマチルダの「善いおばさん」になることで、人生を生き直し、止めてしまった成長の歩みを先へ進めることができるだろう。奴隷のような生活により教師以外の道を閉ざされ、その給料さえも銀行口座から巻き上げられている彼女の窮状を知って、賢いマチルダは「お給料は自由になるためのチャンスだったのに」と嘆く。おばさんとして後続の少年少女を開かれた場所へ連れ出すためには、本人自身が「自由」を得ていなければならない。ミス・ハニーにとっての自由を取り返してくれたのは、教え子のマチルダだったのである。

「その他の人」も社会を回す

大学時代、初めて家庭教師のアルバイトをした。とくに資格もないくせに、紹介状と現役合格者の肩書きだけを持って、裕福な家庭の子供部屋にズカズカ上がり込む。何を訊かれても完璧に答えられるフリをしながら、解答集片手に問題集を解いてみせ、口先だけで給料をもらう。そうして幾つかの他家の敷居を跨ぐとき、自分が独特のテンション、虚勢を張っていることに気がついた。

思い出したのは、八百屋のおかみさんでもバーのママでもなく、訪問販売員のおばちゃんたちであった。なるほど、彼女らが訊かれてもいない個人情報をばんばん開示するのは、そこから先を明かすまいとする防衛機制だったのだ。自分が同じような労働をして初めてそう理解した。

ミス・ハニーをはじめとする、「教え導く仕事」に従事するロールモデルのことも思い浮かべた。麗しく脚色されたフィクションの中ならいざ知らず、現実世界で人生を変えるような「師」に行き合うのは非常に難しい。反面教師のほうがよっぽど多い。教え子の目に映る私も、間違いなくその一人だろう。

安物の一張羅のジャケットを着て、立派な大人のふりして働く、気の毒な家庭教師の先生。受験のコツは教わりたいけど、将来こうはなりたくない。そう思われていたに違いない。それでも次は私が、よく知りもしない、とくに愛着もないこの子供たちの、勉強の面倒を看てやる番なのだ。

家事育児と母性愛と教養とが家系図の外へアウトソースされていた時代、乳母、使用人、女中、家庭教師など、家族であって家族ではない、外から来た「よその女」たちが取り込まれ、お屋敷の中で子供の成長を手助けしていた。二十世紀に生まれ、乳母《おんば》日傘《ひがさ》という生まれではなかった私とて、地域社会の中で見知らぬおばさんたちに囲まれて、あれやこれやと口を出されながら育ったものだ。

いつの世も、子供が何でも完璧にはこなせないように、親だって何でも完璧にはこなせはしない。だから家族の垣根を取り払って共同体全体で支え合ったり、養育の代行者という雇用が創出されたりもする。「余った女」たちが、あいた両手で一時的に子供を預かる。そうした間接的な子育てを「仕事」のうちにカウントしない、したがらないような社会は、次世代をうまく育てることができずに滅んでいくに違いない。

「おばさん」は、先の見えない人生という名の階段を上る少年少女に手を差し伸べる。血縁で結ばれた縦の関係でもなければ、同世代同士の友愛をつなぐ横の関係性でもない「斜め」の居場所から、割と無責任に、子供たちをけしかける。もしも力があるのなら、もっと早く、もっと高く、私を追い越して自由に駆け上がって行ったっていい。そんな教えを囁く仕事によって、おばさんたちもまた救われているのだ。

第五部

おばさんになる方法

誰がおばさんを作るのか？

なりたくなかった？ フェミニスト

米国ニューヨークのダウンタウンにあるストランド・ブックストアは、新刊と古書のほか文具や雑貨も取り揃え、地元の愛書家はもちろん、土産物を探す観光客にも人気の書店だ。ここ数年の売れ筋はフェミニズム関連グッズ。古今東西の女性作家たちの金言や、「読む女」をエンパワーする言葉が綴られたトートバッグ、靴下、マグネット、ミシェル・オバマや故ルース・ベイダー・ギンズバーグの似顔絵をあしらった商品などが並んでいる。ちょっとしたギフトを探す客がよく手に取っているのは、フェミニスト・カード。先進的な女性たちをモチーフにしたトランプカードだ。

そのうち一つ、『THE WOMAN CARD［S］』がちょうど手元にある。二〇一六年四月、数多の性差別発言で知られる米大統領選共和党候補のドナルド・トランプが、民主党候補のヒラリー・クリントンについて「ウーマン・カード」で勝負している（性別が女である以外に武器がない）、と非難したことへの意趣返しである。女の切り札？　じゃあどんな札だか作ってみましょう、との皮肉を込めて、クラウドファンディングで製作費が集められ、すぐに初版一万セットが発売された。

エース札の絵柄は当然ヒラリー。続くのは、ハーバード大学で女性初の常任教授となった天文学者セシリア・ペイン、公民権運動の象徴となったローザ・パークス、女性参政権獲得に貢献したスーザン・B・アンソニー、先住民族からは西部遠征隊に同行したサカガウィアなど。アメリカの歴史に刻まれた女性たちの功績とともに、今現在も社会の第一線で活動する女性たちを讃える内容である。将来きっと、二〇二一年に有色人種の女性として初の副大統領に就任したカマラ・ハリスを加えた改訂版が出されるに違いない。

同じ版元は、ジャンヌ・ダルク、アンネ・フランク、マララ・ユスフザイなど勇敢な少女たちを扱った『GIRL POWER』や、女性科学者縛りの『TECH DECK』といったカードセットも出している。別版元の『LITTLE FEMINIST PLAYING CARDS』（二〇一七年発売）は子供向けのかわいらしい絵柄で、アメリア・イアハート、ビリー・ジーン・キング、フリーダ・カーロ、エラ・フィッツジェラルドなどが登場する。こちらは絵本の展開もあり、芸術、科学、スポーツはじめ各分野の先輩女性について、幼いうちから学べる仕組みだ。子供の頃、学習漫画でナイチンゲールやマリ・キュリーの偉人伝を読んだことを懐かしく思い出すが、当時の私はフェミニストという言葉を知らなかった。

もし日本版フェミニスト・カードを作るなら、どんな組み合わせになるだろう。清少納言と紫式部、平塚らいてうに樋口一葉。上野千鶴子、田嶋陽子、田中美津に加えて、伊藤詩織や石川優実の顔も思い浮かぶ。オノ・ヨーコや草間彌生、緒方貞子や向井千秋が候補に挙がるかもしれず、巴御前や額田王、卑弥呼まで遡ってもいい……。古代と現代を往き来しながら楽しく夢想していた二〇二〇年三月八日の国際女性デー、暗い現実に引き戻されるような出来事があった。社歴二十年以上だという大手マスコミ勤務のキャリア女性が、キャンペーン記事において「バリバリのフェミニスト」のことを「なりたくなかったあれ」と呼んで炎上したのだ。

しかもこの女性は数日後、騒動は「私のせい」だと謝罪して、当該記事をウェブ上から削除し、同性たちから、より一層の嘆きを浴びせられた。何度でも書くが、男性優位社会の中で立場の違う女同士が互いを忌み嫌うように仕向けられているとしたら、対立構造それ自体が、社会の歪みのせいである。なぜ、女性がフェミニストを敵視する、なんてことが起こるのか。そして、なぜいつも女性ばかりがそのことで批判に晒され、個人ばかりがその責任を負わされるのか。この記事を掲載した媒体の姿勢にこそ問題があるのは明白だが、本件について、彼女が所属する民放テレビ局は沈黙を貫いている。

私は自分から積極的に「フェミニスト」と名乗ったことがなかった。なにしろ生まれ育った日本語圏では、「男に向かって対等な口をきく女」というだけで、ほぼ自動的に「なんかフェミっぽい人」と他称されるのが先だ。まだ大正時代みたいだ、と呆れてしまう。そして、私が名乗るより先に私を「フェミ」と呼んでくる大半は、それを蔑称や罵倒語と信じ込んでいるミソジニストなので、時が止まったままの土俵に上がって相手をしてやる暇もなかった。だってもう二十一世紀なのだ、と呆れてしまう。女性学に触れてフェミニズムに賛同する内心と、踏み絵を突きつけられる日常との落差にも辟易して、「汝は『真の』フェミニストか？」には「各自の解釈で都度、お好きにお呼びください」と応じてきた。たぶん卑弥呼だってそう答える。

最近、こうした「其《そ》は何ぞ」への返答は「おばさんです」が最も実情に即していると考えるようにもなった。フェミニスト・カードに刷られた女性たち、出自も辿った人生も、専門分野も功績も、思想も信条もてんでバラバラで、むしろその多様性こそが我らを照らす光明となるあの彼女たちの、共通点は三つ。女であったこと。我々より少し前を歩く年長者であったこと。そして、これから勝負に挑む若きプレイヤーたちのために、それぞれの戦場でいくつかの障壁を取り除いたことだ。

フェミニストを「なりたくなかったあれ」と呼んだキャリア女性だって、職場の後輩男女から見れば、そんな頼もしい「おばさん」だったかもしれない。肖像画が売り物になるような偉大な女性運動の活動家でなくとも、年長の女性が社会の不平等を均し、誰かの「なりたい」将来像として後進を奮い立たせることはある。

お互いに目を配り合う

先日、とても素敵なおばさんと出会った。正確には直接会ってはいないが、そのことが信じられなくなるほど親切にしてもらった。彼女自身がフェミニズムに造詣が深いかどうかなんてまったく知らないが、女性として目指す生き方を集めて自分だけのロールモデル・デッキを組むなら、私はそこに彼女を加えてもいい。

きっかけは誤配である。ニューヨークの下町に住む私宛てにロンドンから届くはずの小包が、住所表記のよく似た隣町の団地へ届いてしまった。最初に気づいたのがエレンという人物で、小包の伝票に記載されていた私の電話番号まで連絡をくれた。あなたの荷物は私の居住棟の一階ロビーに放置されているから、業者の対応を待つよりも自分の足で取りに来たほうが早い、と。

訪ねてみるともう小包は消えている。宅配業者の帳簿では配送済み扱いで、警備員室や管理人室へ出向き、団地内の遺失物が集まる仕組みを訊いても、まるで取り合ってもらえない。誰もみな責任逃れの突き放した態度で、私が軽装のアジア人だからか、「小包が実在するとして、その受取人がおまえだとどうやって証明できる?」と逆質問を受けもした。詐欺グループの手口か何かと疑われたようだ。

愚痴交じりのメッセージをエレンに書き送ると、「おかしいね、彼らは普段、団地の住民にはとても誠実ですよ」「困ったら私の名前を出しなさい、こちらからも強く言ってあげます」と励まされた。彼女以外の誰からも何の連絡もないまま三週間近く経過し、もはや諦めかけていたところ、どこに留め置かれていたのか、奇跡的に小包が再配達されてきたのである。

「よかったよかった! ね、ニューヨーカーはこうやってお互いに気をつけて目を配り合うの (watch out for each other)、警戒心にうんざりするときもあるけど、でも、捨てたもんじゃないでしょう?」という返信に、思わず涙ぐんでしまった。連日のように時間を割いてほうぼうへ経緯を説明し、「きっと見つかる!」と鼓舞してくれたエレンのお節介なしには、私は誤配にさえ気づかなかったのだ。後日、同じ団地の同じ棟の一階ロビーを再訪し、エレン宛ての包みを置いて帰った。日本のお菓子詰め合わせに、手書きの礼状。喜んで受け取ってくれたが、最後まで顔を見ることはなかった。文通はそれで終わり。おそらく将来会うこともない。

見ず知らずの私のために、どうしてこんなに親切にしてくれるんだろう。英国系の姓の響きや物言いから、私のような非英語圏の出身者ではなさそうだが、人種も年齢もわからない。一つだけわかっているのは彼女が「おばさん」であること。文体はきわめて古風で、数種類の絵文字以外、スラングは一つも使わない。深夜に返信が来ることもある一方、

「今さっき階下を確認したけど」といった口ぶりから、平日日中も在宅がちのようだ。時間の融通がきくフリーランスの中高年か、働かずともよい老婦人だろう。

心許ない想像図に輪郭を与えるため、ついつい、本書第一部に書いたコーヒーショップの光景を重ねてしまう。魔法使いのおばあさんのような親戚のおばさんが、双子の若い姉妹に署名入りの書類を渡し、「で、小さな妹たちはどうしてるの？」と訊ねていた。あなたたちだけでは通してもらえない道も、私が押せば閉ざされた関門が開くかもしれない、他に困ってることはないの？　と腕まくりしてくれる、大人の女性だ。

物騒で殺伐とした大都会に住んでいるからこそ、ニューヨーカーはこうやって助け合うの、とウィンクの顔文字を飛ばしてきた団地のエレンは、『82年生まれ、キム・ジヨン』に登場する、通りすがりにヒロインを救った名も無きおばさんにも似ている。あなたが悪いんじゃない、と励まされ、助け舟にしがみついて望むゴールまで導かれてみると、自分が物語の主人公になったかのように錯覚する。

「おばさん」は、我々よりも少しだけ力が強く、少しだけ前を歩いている年長の女性で、立ち往生する若者を見かけたら、やたら親切に世話を焼いてくれる。知力や財力や行動力、もろもろの不思議なパワーを行使して、その恩恵を下の世代に気前よく分け与えてやる。疾風《はやて》のように現れて疾風のように去っていき、見返りは求めないが、お菓子のお供え物には無邪気に大喜びする。いつか私も、他の誰かの物語におけるそんな「おばさん」になりたい。

おばさんについて、フェミニストについて、「ああはなりたくないものだ」と嘆くのは個人の自由だろうが、どうしてそんなに嫌がられているかというと、「物言う女」「行動する女」が社会の中で過剰に嫌われているからに他ならない。我々は、沈黙によってその現状を追認してはならないと思うのだ。存在自体がかくも軽んじられる世界において、才長けた女たちが後世に名を語り継がれていくことの意義を考えたい。たとえば、まるでフェミニストという感じはしないけれど、極めて「おばさん」的ではある、この女性はどうだろう。

実在と非実在のオリガ・モリソヴナ

米原万里の長編小説『オリガ・モリソヴナの反語法』（二〇〇二年刊）は、実在の人物をモデルにしている。主人公の弘世志摩は、一九六〇年一月にチェコスロバキアはプラハのソビエト大使館付属八年制普通学校に編入した、著者の分身のような少女だ。その学校でリトミカというダンスの授業を受け持っていたのが、オリガ・モリソヴナである。

年の頃は七十歳にも八十歳にも、もっと上にも見え、もう何年も「五〇女」を自称している。服装は一九二〇年代風のオールドファッションで、レースの手袋に香水と付けボクロ、ネックレスとセットになった大ぶりのイヤリング、「今そこで赤ん坊でも喰ってきたかのよう」な真っ赤な口紅とマニキュア、染めたに違いない金髪。恐ろしげな顔と濁声《だみごえ》で生徒たちを震え上がらせるが、足だけは本当に美しい。すらりとした体形と素晴らしい身のこなしで、踊る姿には誰もが見惚れてしまう。

年に何度も開催される校内の学芸会で、オリガ・モリソヴナは全学年すべてのクラスの群舞やソロやグループダンスを振り付けて、稽古、編曲、伴奏をこなす。レパートリーはあらゆるジャンルを網羅して無限、非常に優れた舞踊教師だ。また、彼女のロシア語はちょっとクセのあるイントネーションで、どんな辞書にも載っていない自家製の諺や独特の反語法で子供たちを厳しく指導する。彼女のレッスン中は、「天才」とは「うすのろ」の意味。「ああ、これぞ美の極致！」といえば、最大級の罵倒なのである。

　ソビエト本国から派遣される教師は党機関によって厳しく審査されるものだが、この型破りな老先生がそんな選抜を受けたとは思えない。志摩はオリガから聞いた「ソビエトで最初にチャールストンとジターバグを舞台の上で踊ったのは、他ならぬこのあたし」という言葉を憶えている。場所はモスクワのエストラーダ劇場、古い新聞記事の切り抜きも見せてくれた。そんな昔語りは、一九三〇年代から五〇年代にかけての部分がすっぽり抜け落ちている。十九世紀貴婦人の化石みたいなフランス語講師のエレオノーラ・ミハイロヴナとともに、「アルジェリア」「バイコヌール」という言葉にひどく動揺していたこともあった。いったい彼女は何者だったのか？

　時は流れて、ソビエト連邦崩壊から十一カ月後の一九九二年。すっかり大人になった志摩は離婚歴のあるシングルマザーで、現在は翻訳者をしている。そしてモスクワのロシア外務省資料館の閲覧室を訪ね、母校に関する資料を調べているところだ。懐かしいオリガ・モリソヴナとエレオノーラ・ミハイロヴナは、チェコで現地採用された教員であると記録されていた。また、ソビエト外務省当局はこの二人の解雇を要求していたが、学校側がそれを履行しなかったという顚末《てんまつ》も判明した。

　今はなきエストラーダ劇場からはディアナという芸名の踊り子に行き当たる。本名はバルカニヤ・ソロモノヴナ・グットマン。オリガと同じ鳶《とび》色の瞳で、乏しいロシア語の語彙を補うように反語法の罵り言葉を使う。内務人民委員部にスパイ容疑か何かで捕まって銃殺刑となったらしい。一方、一九三〇年代のラーゲリ（強制収容所）にまつわる手記には、オリガ・モリソヴナ・フェートというユダヤ人の消化器官医が登場するが、こちらは到底あの先生と同一人物とは思えない。志摩は限られた滞在日数を駆使して、謎に包まれたオリガ・モリソヴナの足取りを追いかけていく。

集英社文庫版『オリガ・モリソヴナの反語法』の巻末には二〇〇三年の対談がおさめられ、そこで米原は執筆の経緯についてこう語っている。

〈本当は私、ノンフィクションを書きたかったんです。そのほうが迫力があるし、そもそもオリガ・モリソヴナは、実在した先生ですから。（略）資料を当たって、本当にあったことを書けば、感動的なノンフィクションになると思ったんです。ところが、それ以後、まったく資料が出てこない。出てこない以上は、その周辺資料を読むしかない。それでああいう物語になりました。〉

著者は一九六〇年代、少女期をプラハのソビエト学校で過ごし、年老いたオリガ・モリソヴナの教え子だった。彼女の影響で本気でプロのダンサーを志していたのも、モスクワで母校の記録を見つけたのも、実体験だ。しかし、オリガという女性の過去に起きた出来事はすべて、綿密な取材をもとに書かれた虚構《フィクション》である。ある少女の人生に影響を与えた年配の女性が、その少女の筆によって新しい肉付けをもって生まれ直した。後年になって「姪」の手により光を当てられた『オリガ・モリソヴナの反語法』は、いわば「作られた」おばさんの物語と言えるだろう。

この小説の面白さは、実在する資料にあたりながら過去の秘密を一つ一つ解き明かしていくところにある。しかし読み終えた後にはむしろ、事実や正確性だけがこの世のすべてではない、という気持ちにもさせられる。作中で、主人公の志摩がオリガ・モリソヴナについて強烈に記憶を呼び覚まされるのは、「七面鳥は思案の挙げ句、結局スープの出汁になっちまったんだよ！」という口癖を思い出した瞬間だ。ダンサーになる夢が挫折してから極力思い出さないようにしていた風変わりな恩師のこと、謎多き世界にワクワクしていた少女時代のことが、鮮やかによみがえってくる。

そのきっかけは、志摩の「姪」の結婚式で供された、ちっとも美味しくない七面鳥の丸焼きだった。翻訳の仕事が軌道に乗り、息子も大学を卒業する年齢となり、志摩はもう立派な「おばさん」となった。そしてなにより、ソ連邦が崩壊して半年。とうとう過去への旅に出る機が熟したと確信して、志摩はロシアへ渡るのだ。

志摩が旅の最後に再会を果たしたのは、オリガとエレオノーラの自慢の「娘」だった、ジーナことジナイーダ・マルティネク。東洋系の顔立ちの転校生で、志摩たちの学校からボリショイ劇場付属バレエ学校に編入していったダンスの天才だが、二人の老女と実の母娘だったというにはもちろん年齢の計算が合わない。孤児院育ちの彼女は、初めて出会った頃のオリガの言葉をこんなふうに述懐する。

〈「ジーナチカ、お願いがあるんだ！」「エレオノーラとわたしの娘になっておくれ、お願いだ！」（略）「ジーナチカ、せめて、ジーナチカの本物のご両親が現れるまででもいいから、わたしたちの娘になっておくれ」「娘になるのが、嫌だったら、ならなくてもいい。共同生活者になるってのはどうかな。一緒に人生を楽しく面白いものにしていこうじゃないの」〉

激動の時代、粛清の歴史に翻弄されて必死で生き延びてきた二人の老女には、どうしてもジーナという三人目の家族が必要だった。「分かりました。あの二人のおばさんの娘になります」と答えて彼女は、オリガとエレオノーラとともに暮らし始める。

奪われたものを探し求め、欠けたピースを代替品で埋め合わせ、事実関係の追及を巧みにはぐらかしながら、新しい人生を「作った」名も無き女性たちの姿は、著者の米原が周辺資料にフィクションの筆致を重ねて「作った」物語として、我々の手元に届けられた。ジーナという「娘」、志摩という「姪」を得て初めて、「おばさん」の人生が語り継がれることになったのだ。

読まれる女、書かれる女

「作られた」おばさんの物語を、もう一つ。津島佑子『あまりに野蛮な』(二〇〇八年刊)は、一九三〇年代を生きた「ミーチャ」こと美世が夫宛てに綴ったラブレターや日記と、二〇〇五年にそれらを追って台湾を訪ねた姪「リーリー」の視点とを往き来する。

ミーチャは女教師になるべく通っていた東京の高等女学校で社会学者の卵である明彦と出会い、大恋愛の末、台北の高等学校に赴任した明彦と新生活を始めることになった。駆け落ちのような事実婚に反対する裕福な義母とはそりが合わず、先行き不透明な夫婦生活も順風満帆とはいかぬなか、慣れない南国暮らしで流産を経て男児を出産し、だがその子を喪ってしまう。その後は徐々に精神に異常を来して病に冒され、郷里の韮崎に戻ってから、満三十歳でこの世を去った。

リーリーは五十代半ば、ミーチャの上の妹の娘にあたる。母の死後、自分が生まれる前に世を去った伯母のことをよく考えるようになる。母の遺品には明彦に宛てたミーチャの書簡が紛れていた。相手から受け取った手紙は一つもなく、ミーチャが書いたものだけが、彼女の死後に嫁ぎ先からまとめて返されたのだ。リーリーはこの手紙と少しの日記、伯母の綴った言葉の隙間を、自分で補う作業にとりかかる。「古い布にできた大きな穴に、色や模様をできるだけ合わせた新しい布切れでつぎを当てるように」。

ミーチャが台湾の山々に憧れ続けていたことを知り、「おばのタマシイを、ここまで運んであげたい」との願いから、飛行機で台湾へやって来て、阿里山を目指す。ビザ無しで三十日に満たない滞在中、彼女は伯母に倣って本当の名前・茉莉子から遠ざかり、ミーチャのために手元のノートに日記を綴る。七十年前、現在の彼女から見れば娘のような年齢である伯母が、同じ通りを歩いていたかもしれないと夢想しながら。

〈リーリーは書く。タイペイのあちこちのカフェで。ホテルの部屋で。ほかの町や、山のなかでも、リーリーはミーチャを追って、自分を追って、自分から逃がれて、ミーチャから遠ざかったり近づいたりして書きつづける。読みつづける。〉

リーリーはミーチャに顔がそっくり、と言われながら育った。そしてミーチャ同様、我が子を喪った経験を持つ。子供を死なせてしまった母親の喪失は津島佑子が繰り返し扱うモチーフであるが、本作においてもその描写は哀しく凄まじい。

〈一頭の美しい獣が全速力で走っていく。全身に黒い斑点がある一頭の獣。水に濡れているように美しく黄金の色にひかるその姿。豹と呼ばれる、しなやかで獰猛な獣が、ある日、東京の路上に現われた。豹はめざとく、真夏に生まれた子どもを見つけて、頭をたったの一口で嚙みくだいた。子どもは悲鳴も泣き声もあげなかった。その豹は子どもの母親であるリーリーだったのだから。（略）あっけなく、簡単な死。子ども

はその瞬間、自分を殺した母親を見つめていた。〉
やがて時空を超えてミーチャとリーリーは邂逅を果たす。太平洋戦争も原爆も知らずに満三十歳で死んだミーチャはいつまでも三十歳のまま、リーリーが差し出したペットボトルから水を飲む。リーリーが生きているのは、ミーチャには手が届かなかった未来の時間だ。でも、互いに知るべきことは知っている。

〈未来の時間はいつからか、過去の時間にすり替わっていく。だれも気がつかないうちに。そして未来の時間はどこまでも未来としてつづき、一方、過去の時間もとりとめなくひろがりつづける。どこからが未来で、どこまでが過去なのか、区別がつかなくなる。リーリーとミーチャ。無理に区別をつける必要もない。〉

実の姪以外の誰からも忘れられた、何者でもないミーチャ。彼女はリーリーに宛てて手紙を書いていたわけではないけれども、たまたまリーリーがそれを読んだ、という偶然によって、自分が生きることのなかった、手が届かない未来の時間にまで到達する。長い長い物語は、こんな語りかけで締め括られる。

〈ミーチャとリーリーの物語は、ここでおしまい。／ミーチャは消え、リーリーも消え、わたしだけが残ります。あるいは、ミーチャであり、リーリーでもあるわたしひとりが。／そしてこの物語をあなたに送ることにしましょう。〉

まったく印象の異なる長編二作品であるが、『オリガ・モリソヴナの反語法』と『あまりに野蛮な』は、「中年期を迎えた姪が、実在する『おばさん』の足跡を異郷に訪ね、数十年の歳月を経て、未完のままだった彼女の物語を作り上げる」ストーリーだ……と、ものすごく強引にまとめ上げることができる。

オリガ・モリソヴナもミーチャも、時代の奔流に呑まれながら、幸福とは言い難い人生を送った名も無き女性である。どちらもけっして「ああなりたい」と憧れるお手本ではないし、贈り物を授けてくれるフェアリーゴッドマザーのような、嬉しく有難く利するものの多い、素敵なおばさん像とも、違う。

だが、志摩にとってオリガは、リーリーにとってミーチャは、紛れもなく「おばさん」である、と呼ぶことができるだろう。その根拠は、血縁があるとか、面識があったとか、そんな単純なことではない。血を分けた伯母や叔母ともこんな関係性になれるとは限らないし、莫大な遺産を相続したって「タマシイ」まで受け継ぐわけではなかったりもする。

志摩の中にも、ジーナの中にも、他の生徒たちの中にも、オリガの「遺伝子」が受け継がれている。リーリーとミーチャに至っては、とうとう境目も消えるほど溶け合って、小説を読む体験を通してバトンを渡された、「わたし」と「あなた」にまで同化してしまう。「姪」たちが辿らなければバラバラに打ち捨てられ、跡形もなく消えてしまったはずの女たちの歴史が、語り手を得て、広く読まれる物語に生まれ変わったのだ。

名も無き女の再発見

『82年生まれ、キム・ジヨン』は「言葉を奪われた若い女性が『おばさん』の声を得る話」だった。女たちは本来、自然と「おばさんになる」ものだ。しかしながら、この社会はあちこちから圧をかけ、壮年の女性がおばさん化することを妨げようとしている、そう感じられる。殿方からも、ご婦人方からさえも、「えー、でもでも、岡田さんはおばさんじゃないでしょ、まだまだイケるっしょー」と、なかなか許認可が下りない。「おじさん」

を目指す壮年の男性がこんなふうに行く手を阻まれるとは考えにくいので、そこには男女の非対称性がある。

「イケる」とはすなわち雨夜の品定め、異性間恋愛市場における値踏みと賞味期限を指す。男たちから性的消費の可能性について勝手に「合格」認定され、いずれ与り知らぬところで「失格」の烙印を捺されるまで、ショウケースに陳列され続ける。居並ぶ女たちでさえ、「一人だけオンナを降りようとするなんてズルいわよ」と、仲間を商品棚に連れ戻そうとしたりする。自由意思での転身は許されず、ただただ消費者側の都合で、いつか突然「おばさん」と呼ばれる廃棄の日を待つばかり。

男はいつまでも「永遠の少年」を自称してよいのに、中年女は何かにつけ「もういいトシなんだから」と諫められ、これ幸いと気を緩めていると「オンナとしてたるんどる」と叱咤される。サッポロビールを飲みながら無言で耐える「おじさん」や、牙を抜かれた「かわいいおばあちゃん」が愛でられるのに比べると、その扱いはひどいものだ。痛々しくない程度の若作りが求められ、行儀良く聞き分けよく落ち着いた物腰が必要で、振袖は留袖に縮められ、ミニスカートはロングスカートに伸ばされて、配偶者がいないと大騒ぎ、結婚すれば「子供は？」と詮索される。お国のために、最低三人は産んでから死んでもらわないとね？

ああつまり、彼らは私たち女の中年期から「母」以外の選択肢を奪おうとしているのじゃないか。産んで殖やしてこの社会構造の維持に貢献する、その流れに従わない「その他」の女たちが、生産性の低さから蔑称で呼ばれる。女性が人権無きモノ扱いを受ける、映画『マッドマックス 怒りのデス・ロード』で観たような地獄絵図だ。「でも、女なんだからそれが当然なんじゃない？」と感じたなら、男であろうと、そして女であろうとも、あなたは性差別主義者なのである。

どうすればこの世界を転覆させることができるだろう？　私たちに誇り高く名乗れる一般名詞がないということは、この社会の中に、まるで居場所がないということだ。「おばさん」を他者から投げつけられる蔑称のままにせず、「おばさん」として権利を回復していくためには、「我はおばさん」「汝《なれ》もおばさん」と、名乗りを上げ、探し出し、指差して、「その他」の女たちの物語を増やしていかなければならない。

オリガ・モリソヴナも、ミーチャも、今まで本書で定義してきた「おばさん」の枠組みにぴったり当てはまるような女性ではない。でも彼女たちには「姪」がいた。つまり、「おばさん」なるものの核となる定義は、じつは「物語の語り手となってくれるような、下世代の存在を持っていること」なのではないか。

年をとれば誰でも「おばさん」と呼ばれるし、「なりたくない」と思っても「なってしまう」ものであるのに、一方で、いたずらに馬齢を重ねるだけでは「おばさん」と慕われることもない。人々の心を動かす「おばさん」像とは、じつは私たち中年女性だけで作れるものではなく、前の世代の甥姪から次の世代の甥姪へと渡される「斜めの関係」の中で初めて形成されるものなのだろう。

どうしたら私も「なりたい」おばさん像に近づくことができるだろうか、と思案するときに、この視点を忘れないようにしたい。私は誰かのおばさんに「させてもらえる」だろうか。我が、我が、と書き連ねるばかりではなく、彼女たちが紡ぐ新しい物語に身を委ねることができるだろうか。そんなことを考えたりもする。

ほとんどのおばさんは、名も無き女として一生を終える。少女と老婆の間に横たわる長い中年期を生きる女たちの物語は、「古い布にできた大きな穴に、色や模様をできるだけ合わせた新しい布切れでつぎを当てるように」して、下世代によって作られていく。我は、おばさん。汝も、おばさん。若いか若くないか、女か女でないか、イケるかイケないか、本物か偽物かは、私たち自身が決める。その選択権はつねに、「語り、語られる」我々の側にあるはずだ。

世界の片隅でアメちゃんを配る

マダムに代わって

パリの街中を一人歩きしていたときに、周囲から自然と「マダム」と呼ばれている自分に気がついた。当時はまだ三十歳で、しかも独身だったけれど、「もうマドモワゼルではない自分」を適切に敬われたように感じ、とても嬉しい響きだった。フランスでは近年、年齢不詳の女性に話しかけるとき、若く見積もってマドモワゼルと言うほうが失礼だ、ということで、女性への呼びかけが「マダム」に統一されつつあるのだそうだ。

米語圏でフランス語の「マダム」に一番近いのは、「サー」の女性版「マァム」だろう。ただ、こちらはちょっと仰々しい感じがあって、普段よく聞くのは「ミズ」のほうだ。ミスもミセスもミズと呼ぶ、判断に困ったら若く聞こえるほうに寄せておけ、という取り決めは、日本語でいう「おねえさん」のニュアンスに近いのではないか。私自身もよく使う手ではあるけれど、本当は、見た目がどんなに小娘でも「マダム」と呼びかけるような、相手が刻んできた年輪に対して一歩深く敬意を示す表現があればいいのに、とも思う。

日本語の「おばさん」という呼称を、一朝一夕にここでいう「マダム」と置き換えるのは、ほぼ不可能に等しいだろうということは、私も理解している。しかしそれにしたって、「おばさん」という言葉を蔑称として使うことにより、女性の中高年期そのものを「名称を呼んではならないお年頃」や「直視してはいけない禁忌」扱いするような日本語圏の風潮は、それはそれで変えていくべきだろうと考えている。

たとえば雅子皇后を「国民のおばさん」と呼べば、おそらく極右団体から「不敬だ！」と怒られるのだろうけれど、事実、彼女は少女でもなければ老婆でもない五十代女性である。余人をもって代え難い功績を重ねてきた彼女への敬意を表する呼びかけとして、「マダム」はよくて「おばさん」が禁じ手というのは、やっぱり変だ。「森高千里は『十七歳』の頃もよかったけど、このところ一段と素敵な、いいオバさんになったよねえ」が褒め言葉として響かないのは、何故なのか。

もちろん私だって、「おばさん」という言葉が女性を貶めるために差別的に使われている事例をみとめたら、それは一緒になって怒るけれども。減らすべきは差別意識そのものであって、うわべの言葉狩りには意味がない。我々中年女性も、オバサンと呼ばれて怒り狂うより前に、まず自分たち自身が「ああいうオバサンにはなりたくないわよねぇ」といったネガティブな用法をやめていけばいいじゃないか。

パリで「マダム」と呼ばれた三十歳の頃は、妹夫婦に最初の甥が生まれた時期と重なる。だいたいそのあたりから、私は気持ちの上では「おばさん」だった。妹のように二十代から「おかあさん」として生きる道は選ばなかったので、なんとなく「非・おかあさん」を生きていくのだろう自覚もあった。少し早めに助走をつけて「おばさん」宣言をして、それは、私個人にとっては清々しいことだった。

妙齢の女性がなるべく早くから年齢を上にサバ読んでまで「おばさん」を名乗りたがるこの心理については、世間では、とくに男性からは、何かと誤解されがちである。俗に言う「女の土俵から降りる」行為は、悲劇的な引退セレモニーではなく、嬉しく楽しくせいせいするようなライフイベントなのだ。たとえば「更年期が怖い、月経が無くなるのが寂しい」と言う女性と同じかそれ以上に、「毎月の煩わしさから解放される閉経が楽しみ」と言う声を聞く。それは男性が加齢による勃起不全に対して抱く恐怖や不安とは、ずいぶん趣の異なるものだろう。

我々女性は、驚くほど幼い子供のうちから、性的な価値を値踏みする側でなくされる側に置かれ続けてきた。「この社会で若い女でいることから降りたい」気持ちは、苦渋の体験にもとづいた切実なものなのだ。「とっとと閉経したい」「でもときめきや快楽も謳歌したい」「まだまだ若見えするモテ服が着たい」「だけどセクハラやナンパには遭いたくない」といった本音は、同性間では何ら矛盾して聞こえないし、そこまで強欲だとも感じられない。「若い女として被ってきた束縛や受難から解放されたい」という意味では、どれも同じことを言っている。

ところがそれを「早くおばさんになりたい」と日本語で表現するのは、本当に、本当に難しい。私も三十歳そこそこの頃には抵抗を感じたし、何らかの理由で遠慮したり我慢したり、気持ちに蓋をしていた。

そして、「あらあら、若いうちは辛抱よ、年とっておばさんになったらラクよ〜」という先輩女性たちのことを、恨めしく思っていた。なぜ彼女たちは、自分が経験させられた同じ「辛抱」を、我々下世代にも当然のように強いてくるのか。この「辛抱」ポイントを山ほど積まないと「ラク」が付与されないのは不条理ではないか。先輩社員からパワハラに遭う新人が「いつか出世したら同じように新入りの若造をイビってやる」と考えるのと同じで、ただの地獄の再生産ではないか。

「おばさん」の定義について考えていくうちに、それは単に自分が「マダム」と呼ばれたい、というだけの話ではないことがわかってきた。誰かから許可を得る前に自分で勝手に確信を持って「おばさん」を名乗るということは、上世代から受け継がれる正の遺産は有難く頂戴しつつも、そのついでに申し送られて降りてくる負の連鎖のほうは、自分の代で断ち切る、ということなのだ。

今、目の前に死にそうな苦渋を味わっている少女がいるとして、「あんたたちも大人になったらラクになれるわよ」と何の気休めにもならない慰めの言葉をかけるのではなく、経験値と打たれ強さをもって「ここはおばさんたちに任せな！」と重荷を肩代わりして、その「辛抱」から解放してやるような存在でありたい。誰かにとってのそんな「おばさん」でありたい、という意味なのだろうと、わかってきた。そうして名実ともに中年期にさしかかり、ようやく、少し背伸びをして名乗り始めたところだ。我は、おばさん。

おばさんの条件

「おばさん」とは、みずからの加齢を引き受けた女性。年若い者に手を差し伸べ、有形無形の贈り物を授ける年長者。後に続くすべての小さな妹たちをエイジズムから守る、世代を超えたシスターフッドの中間的な存在。歳を重ねるのも悪くないと教え、家族の外にあって家族を解体し、時として血よりも濃い新たな関係性を示す者。過去を継承する語り部もいれば、価値観を転覆させて革命を起こす反逆児もいる。縦につながる親子の関係とも、横につながる友人の関係とも違う、「斜めの関係」を結ぶ位置に、おばさんは立っている。

おばさんは、黙らず物言う自立した大人の女だ。口煩くて、わがまま勝手、なぜかいつも不機嫌に怒っていたりする。または豪放磊落で不気味なほど上機嫌であったりする。ちょっとウザいこともあるけれど、多くはさほど邪悪でもなく、必要なときにぐっと距離を詰めてきて、きっとあなたの助けになる。少子高齢化と非婚化が進み、もはや男たちだけでは回せないことが明白な社会において、子供だけでなく大人も、おじさんたちも、おばさんの手を借りるときが必ず訪れる。だから我々は、おばさんになる。好きなおばさん、嫌いなおばさん、たくさんの先輩たちをお手本にして。そして呼び名のついた自由な中年期を取り戻す。

善きおばさんとなるために必要な条件は、まず《次世代を向いて生きている》こと。頼まれてもいないのに若者の世話を焼く、それが未来をよくすると信じている、みなさんご存じのあの「お節介」である。『シンデレラ』ではガラスの靴が、『マレフィセント』では真実の愛のキスが、そして『更級日記』では「ゆかしくしたまふなる物」が贈られた。何故か、と動機を問うても答えは返ってこない。強いて言うならば「自分一人では見られない未来が見たい」という好奇心だろうか。

『若草物語』『哀しい予感』でも、『違国日記』『夏物語』でも、保護すべき年少の存在を得て初めておばさんが形作られていった。言い換えれば、母親とは別種の愛情をもって《よその子の面倒を看る》のがおばさんだ。既婚未婚を問わず、実子がいようといまいと、『ヌマ叔母さん』のように甥たち姪たちに道を示すことはできる。『82年生まれ、キム・ジヨン』や『ファン・ホーム』に出てきた女性たちのように、通りすがりの誰かを励ますこともできる。

また、おばさんはその行動に《下心がなく、見返りを求めない》。姪に優しくしてあわよくば老後に介護してもらおうとか、甥を養うかわりに理想の年下彼氏に育てようとか、そんな損得勘定では動かない。親でもないのに同じくらい強い立場にある者が、非力な子供たちと対等でいるためには、細心の注意が求められる。身勝手な振る舞いが時としてハラスメントにまで転じるような危険性については、折に触れ自戒しておくべきだろう。

《少女でもなく、老婆でもない》も大切な条件だ。おばさんに年齢制限はなく、ひょっとすると性別の制約もないのだが、それでも『ポーの一族』や『たんぽぽのお酒』に描かれたように、うまくおばさんになれない中高年女性がいる。自覚的で独立した大人であることが求められる。そのためには《社会の中に自分の居場所を見つけている》とよい。おばさんだって社会の一員だ。『口笛の上手な白雪姫』『マチルダは小さな大天才』にあるように仕事に就いたり、あるいは『ふたりの老女』『ルームメイツ』のように女だけの共同体を作ったりしてきた。俗世を捨てて生きるのも素敵だが、誰とも関わらずにいると簡単にまた存在が見えづらくなり、軽んじられてしまう。

人は一人だけでおばさんになることはできないが、どんな無名の女性だって「あの人は、私のおばさんだ」と誰かに見つけ出されたならば、おばさんとして歴史に名を残す。主体的に誰かと関わることで、その人たちのための「おばさん」役を引き受けることができる。「役」なので、やりたくない人は別にやらなくたっていい。おばさんになんかなりたくないという女性は、その選択を取ってもよい。ただ逆に、突然やりたいと思っても、すぐにできるものでもない。数十年もの時間を中高年として過ごし、「役」としての本領を発揮したいならば、勉強や稽古や訓練を積まなければならない。できればカッコよくおばさん役を演じたい私は、そう考えている。しかし躍起になって憧れのおばさんを目指すというよりは、無欲な姿勢で臨んだほうが、近道のようだ。若い世代とのかかわりと、《下心がなく、見返りを求めない》という条件について、もう少し考えてみたい。

ギブ&テイク&下心

第三部で紹介した映画『トッツィー』は、男性が男性であることを伏せて「おばさん」になる物語だった。主人公マイケルは俳優で、抜群の演技力で見事ドロシーという「おばさん」になりきってみせ、巷の人気者になるし、意中の女性ジュリーからも好意を寄せられる。しかし、正体が男性であると判明した途端、想い人からフラれてしまうのだ。

この物語を、「おばさん」ドロシーは愛されて、「おじさん」マイケルは嫌われる、と短絡的に解釈するのは間違っている。ジュリーが拒絶したのは、彼が自分たちを欺く「嘘」をついた事実であり、さらに言えば、その下に潜んでいた、俳優としての成功を目論む独善的な「下心」だ。下心で動く大嘘つきから「男女として恋愛関係になりたい」と言われても受け容れられないのは当然だろう。

マイケルは頭のいい男で、欲望に忠実であり、利己的な幸福を追求して、合理的に損得勘定で動く。女装すれば成功できるとひらめいたら、迷わずそのように行動して、まったく悪びれた様子を見せない。「下心」がバレてもそんなに困らないと思っているのだろう。しかし彼は、一番大切なものをそうと気づかずに踏みにじってしまった。ジュリーが親切なドロシーおばさんと通わせていた「下心のない」好意である。

世の「おじさん」はいつだって下心があるんだ！　などと、大きな主語を持ち出して責めるつもりはない。ただ事実、年下の若者と接するときに、自身の欲望のギラつきを隠そうともしない中高年男性は多い。もちろん本人たちも口では、豊かな人生経験にもとづく知見を惜しみなく分け与えてやろう、焼肉だってキャバクラだって全額奢ってやろう、と「贈る」姿勢を見せてはいる。だがしかし、「ワシも若い者から学ばせてもらわんとな〜、ガッハッハ」といった笑い声が上がるたび、そこに搾取の構造が透けて見えるのだ。

たとえば落ち目のベテラン歌手が若手人気バンドとコラボレーションするときの派閥感。あるいは、スタートアップ企業に肩入れして巨額の投資回収を目論む素封家たちの鼻息荒さ。海老で鯛を釣らんとするようなギブ&テイクのアンバランスさが、どうにも気に掛かる。またここには、歳若い男性に「かわいがり」を与える代わりにホストまがいの接待を強要するような、パワハラ思考の女性たちだって加えられる。つまり、生物学的な性別はあまり関係がなさそうだ。我らが生きる男性中心社会、年功序列にもとづいた権力勾配にもとづいて、上の立場に置かれた強者ほど、そうした邪悪な「下心」により容易に取り込まれやすい、という構造の話であろう。

私だって子供の頃は、いつでも「下心」ドリヴンで「永遠の少年」を名乗って生きていられたらいいなと思っていた。けれどもそろそろ真の「大人」になるべき時が来ていて、それは、自分より若い世代と付き合うときに「下心」を手放すことと同義ではないかと考えている。自分の内なる「下心」に取り込まれないよう、うまく切り離していきたい。そうした願いから、おばさんとは「見返りを求めない」存在である、としつこく定義するのだ。だが、あながち無根拠とも思っていない。放っておくと上世代がいくらでも下世代を搾取する構造に陥ってしまうこの社会で、ギブ&テイクのバランスを保つために、おばさんたちは、アメちゃんを配るのだから。

アメちゃん。それは関西圏のおばちゃんたちの必須アイテムである。三重県で生まれ育って天寿を全うした私の母方の祖母も、カバンの中に、エプロンのポケットに、黒飴や黄金糖、チョコレートや漢方のど飴や酢昆布など、個包装された駄菓子を常時携帯しており、ことあるごとに「なめるか？」と勧めて回っていた。飴玉は人に配ればたちまちなくなるものだが、台所の棚にはつねにそれぞれの徳用袋が買い置かれており、欠かさず補充もされていた。

幼い頃は、うちのおばあちゃんはずいぶんアメが好きなんだな、と思っていた。だがしかし、よくよく思い返してみると、祖母自身がひっきりなしに甘いものを間食していた記憶はない。ヘビースモーカーの祖父にとって煙草は自分が喫《の》んで楽しむ嗜好品だったが、祖母が買い置きするアメちゃんは他者へ配るためのもの、コミュニケーションツールであった。

玄関に鍵をかける風習がない田舎町で、隣近所のおばさんが勝手に戸を開けて上がり框《がまち》に腰掛ける。大抵はちょっとしたお裾分けなどを言い訳に世間話が始まるが、毎日のことなのでわざわざ茶を出したりはしない。本当にまったく何も無い日には、お互いのポケットや巾着袋からチョコレートや飴玉が飛び出してきて会話のいとぐちを摑む。

停留所でバスを待っているとき、居合わせたおばさんから飴をもらったこともある。礼を述べた母が乗り込んだバスの中でまで話し込んでいるので、てっきり顔見知りなのかと思ったら、赤の他人だというので驚いた。東京では常日頃、「見知らぬ大人からお菓子をあげると誘われても絶対に従ってはいけない」と厳しく防犯意識を説かれていたのに、地元に帰った母は「せっかくやから、もろうとき」と自分も受け取った飴をなめている。幼い私には、それがまったくの謎だった。

ところが大人になった今、私のカバンの中にも、なぜかあるのだ、アメちゃんが。もともとはハンドクリームと同じ乾燥対策として、大袋入りのガムやのど飴を持ち歩いていたのだが、個包装のほうが何かと便利だということがわかってからは、アメちゃん専用ポーチに複数種のアイテムを携帯している。友達と連れ立って劇場や映画館へ行った開演前、打ち合わせ中の仕事仲間の空咳が止まらないとき、よその子を預かって会話が続かなくなったとき、ポーチを取り出して「アメちゃん要る？」と訊きながら、私、立派なおばさんになったなぁ、と自分で自分に感銘を受ける。

駄菓子が繕う世界の綻び

おばさんが配るアメちゃんは、相互扶助、コミュニティ形成、社会性の象徴である。自分一人が生き抜くことだけを考える「自助」のサバイバル術とは言い難く、かといって、大文字の「公助」が目指すような半永続的なサポートとも異なる。相手を選ばず誰彼構わず、気前よく配られているように見えるが、明日また同じ場所に行っても同じように受け取れるとは限らない、ワンタイムの気まぐれな贈与だ。

しかし、その場しのぎとしては十分すぎるほどの働きを発揮する。困っている人が困っているとき、誰かを頼って「助けてください！」と声を上げられないとき、おばさんの配るアメちゃんが先手を打つ。求める前に与えられる余計なお世話が、会話の端緒を切り拓く。四方八方を敵に囲まれたように見える世界において、おばさんはアメちゃんで機先を制し、「まだ味方かどうかはわからないが、少なくとも、敵意はない」と素早く示す。そうした積み重ねが社会全体に、他者を頼りやすい空気を作るのだ。

それは親から子へと注がれるような「無償の愛」とは違うものであるし、「母性」のように女性だけの専売特許とされるものでもない。むしろ、世の「おじさん」たちも多くの「おばさん」たちに倣って、もっと積極的にアメちゃんを配るような社会行動をとればいいのにね、と感じられるほど、究極的には年齢も性別も関係ないものだ。「おばさん的なるもの」の正体とは、結局、アメちゃんなのではないか？

思えば飴玉それ自体が男社会に蔓延する「下心」へのカウンターである。そこには女たちの連帯の歴史が込められている。この社会において、困っている同性をどうしても放って置けないという気持ちが、お節介おばさんを生み、フェミニズムの旗手を育て、時には殿方さえも男社会の生きづらさから救ってきた。私のことなんかほっといてくれよ、うぜーな、そんなものなくたって一人で生きていけるわ、と煩わしく感じたこともなくはないが、その態度を反省してあまりあるほど、私自身「アメちゃん的なるもの」に細く長く救われてきたのだ。

アメちゃんは赤字覚悟のサービス精神である。「下心」もなければ、「動機」だってないかもしれない。その点が、縦社会における先輩後輩の「奢り／奢られる」関係性や、ホモソーシャルが女性を排除しながら女性にケア労働を押し付けるあの構造とは、一線を画している。「アメちゃん」の一語で表されるあの営為が、「アメちゃん」とさえ言えば全国区でピンと通じてしまうこと自体、その証拠である。他にお堅い学術用語が充てられなかったのは、それ以上でも以下でもないからだ。

今までの人生、「女の敵は女」と感じる局面よりは、理不尽の前で共闘する局面のほうが、ずっと多かったように感じる。同性間に対立やいじめが起きることもなくはないが、我々全員が直面せざるを得ない理不尽をみとめると、自分たちでもびっくりするような強い連帯が起きる。それは、普段は口もきかないような相手から、そっとアメちゃんを手渡されるような格好で訪れる。アメちゃんは、分断された上と下、引き離された人と人の間に、橋を架ける。「アメちゃんだけでは腹が膨れないだろう」と嘲笑されることもあるが、飴は空腹を満たすためだけにある手段ではない。どんなに小さくとも、この社会が見落としがちな綻びを繕っている、なくてはならない存在だと言えるだろう。

そして子供たちよりも上の立場にあるおばさんが、歳を重ねるにつれ何より警戒して気をつけなければならないのは、「あたしのアメちゃんが受け取れないっていうのかい？」という類のパワーハラスメントであろう。これではあっという間に、同じ権力勾配が縮小再生産されてしまう。いつも心に「見返りを求めない」ギフトの精神を保つため、ポーチには、誰彼構わずあげたってちっとも惜しくないようなアメちゃんを常備しておくのがよさそうだ。あんまり立派で高級な、お子様の発育を健やかに助けるようなお菓子ではなくて、もっと小さくて、ジャンクな駄菓子のようなもののほうがいいのかもしれない。実用性がなくとも、非常食くらいにはなるような。

誰かの何かになる方法

アリ・セス・コーエンの写真集『Advanced Style』（二〇一二年原著刊）は被写体を六十代以上の女性に絞ったストリートスナップの写真集である。真っ赤な口紅とエレガントな帽子、極彩色のドレスで独創的に着飾った華やかな老婦人たち、いつかこんなふうに人生のグランドフィナーレを迎えたいと、思わず見惚れてしまう。素敵な「おばさん」のロールモデルを見つけることは、女の人生を豊かにする。しかし、被写体の一人であるイロナ・ロイス・スミスキンはこうも警告している。「人の真似をしすぎると、誰でもなくなってしまうわ」（岡野ひろか訳）。

私が今、彼女と同じファッションを借りて真似しても、一足飛びにあのカッコいいおばあちゃんたちの仲間入りができるわけではない。流れるように自然な動作で誰彼構わずアメちゃんを配りながら、独自の道を極めることが、次の課題となるだろう。「おばさん」は、既婚未婚や子の有無を問わない、年齢にも拘《こだわ》らない、大人の女の総称だ。誰もが好きに名乗ることができる一方で、押しつけたり押しつけられたりする呼称であってはならない。大切なのは自分自身の肩書きを再定義して、好きな自称、好きな生き方をポジティブに選択できる、その自由なのである。

まだ何者になれるかもわからない幼いうちから私は、「理想の死」にまつわる一つのヴィジョンを持っていた。それは、こんなファッションでこんな雰囲気のおばあちゃんになりたい、といった老後の想像図ではない。ある朝、新聞に小さな訃報が載る。ロックスターでもセレブリティでもないから、きっと一行二行の記事だろう。地球のどこかで女の子が、あるいは男の子がそれを読み、はっとする。大昔の人だと思っていたけどまだ存命だったんだ、と驚いたり。伝手を辿れば挨拶できただろうに二度と会えなくなってしまったな、と嘆いたり。そして一度も会ったことがないこのおばさんのために、数秒、冥福を祈ってくれる。

庭の芝生や玄関ポストに投げ込まれた紙の新聞を子供が取りに出るという光景自体、二〇二一年時点でとっくに廃れているわけだが、私自身そうやって、一度も会ったことがない老女たちのため、いくつものささやかな祈りを捧げてきた。あなたの知らないところに私がいて、私を知らないあなたのことを忘れずに、次の時代を生きていきます。インスピレーションを与えてくれた彼女たちに、そんな誓いを立てたりもした。もし私の身にも同じことが起きたなら、あの頃の自分のような女の子に心の中で「おばさん」と呼んでもらえたら、それだけで生きた価値があったと思えるに違いない。

私の訃報が載る日の新聞には、他にどんなニュースが報じられているだろう。日本のジェンダーギャップ指数は何位になったか。公職に就く男たちの差別発言は減ったか。要職に就く女性の数は増えたか。ガラスの天井が破られ、大学入試や就職面接では公正な評価が下され、性犯罪被害を訴え出た人々がセカンドレイプに遭って泣き寝入りする悪習は滅びたか。女たちが、仕事を、財布を、経歴を、個としての名前を奪われることはなくなったか。今よりひどいことには、なっていないか。私の、あなたの、小さな妹たち姪たちは、元気でやれているだろうか。

よき娘であるように、と教え諭されて我々は育った。よき姉であれ、よき妹であれ、よき妻そして母であれ。ところが「おばさん」になる方法については、誰も教えてくれなかった。短いようで案外長い一生のうち、最も長く呼び掛けられる称号について考える機会は、極めて限られていた。人は一人では「おばさん」になれない。かつて私が受け取ったバトンは、いずれ次の誰かに受け取ってもらわねばならない。

見知らぬ女の子が世界について読み、私について読み、他のずっと偉大な女性たちを知り、自分の行く手にあったかもしれない障壁が、すでにいくつかは取り除かれてきた歴史を知り、自分の後にも同じ道が続いていることを知る。ずっと身近に暮らしていたらきっと早々に幻滅されるから、つかず離れず、呼びかける声や放ったアメちゃんが届く程度に、遠く斜めにつながって、普段は忘れられているくらいが都合がいい。でも時々は思い出してほしい。この手で抱き合ったことはなくとも、私たちがずっと昔から一つにつながっていることを。誰にも話せないことは私が聞いてやろう。誰にも話せなかったことを私も語りかけよう。そのとき私は「女」を取り巻くすべての規範や呪縛から解放され、あなたが待ち望んだ、私がなりたかった、「おばさん」になることができる。

ジェーン・スー
×
岡田育
巻末特別対談

「おばさん」の呪いを解き放ち、私たちは自分の名前を取り戻す。

著書『私がオバさんになったよ』や、ポッドキャスト番組『OVER THE SUN』などの活動を通じ、「おばさん」という言葉を軽やかに更新し続ける、コラムニストのジェーン・スーさん。中年期以降の日々を、自虐もせず謙遜もせず、堂々と好きなように生きていくための心構えについて語り合う特別対談です。

おばさんという呼称を再定義

ジェーン・スー（以下、スー） この本、最初エッセイとかコラムだと思って読み始めたら、「え、論文⁉」って爆笑して。

岡田育（以下、育） いやいや、論文じゃないですよ！ 文芸誌の連載をまとめたものですが、一回ごとの文字数が多くて、今までのエッセイとは書き方が変わりましたね。

スー これ、参考文献とかすごい分量になりませんか。さまざまな作品に出てくるおばさんを、ここまで丁寧にピックアップすること自体が珍しいし、それをどう捉えるかを二〇二〇年代にしっかり書いておくのはすごく意義深いことだなと思いました。

育　ありがとうございます。題材として選んだものを、改めて読み返したり観返したりする作業が楽しかったです。

スー　「はじめに」で、おばさんになる「なり方」を教わっていなかったというのが書いてあって、それがすべてだと思うんですよね。たとえばフランスの女性には素敵なマダムというお手本がいて、マダムになる方法を教わっている。ところが我々は、当事者以外の人たちが勝手におばさんというものを定義し、なぜか「成り下がる」ものとして位置づけられていて、それとは別に、社会の中である程度の潤滑油みたいな、私利私欲のない形で存在することを求められたりしていて、散々だなと。それでようやく、ここに岡田さんや私が**レコンキスタ**を始めるという。

育　これまた血の気の多い表現を（笑）。

スー　国土回復運動ですよ。あと素晴らしいと思ったのが、ネガティブなおばさんイメージを下の世代に引き継がせない、自分たちの世代で止めるという弁慶マインドですね。「ここは任せて！」と敵前に立ちはだかり矢に刺されまくる、そのマインドは私には全然なかったので。

育　今回あれこれ類書を読んだんですが、先輩世代には「自称はいいけど他称はされたくない」という声が多かったです。田中ひかるさんの『「オバサン」はなぜ嫌われるか』（二〇一一年・集英社新書）では、最後が「オバサンに学べ。でも『オバサン』とは呼ぶな」と締め括られています。同じ本には深澤真紀さんの『「おばさん」という蔑称より『中年』

を使おう」という言葉も紹介されている。酒井順子さんは『おばさん未満』（二〇一一年・集英社文庫）で、自分の年齢は自覚しているけれどまだ呼ばれたくないといった想いを綴っている。中年であることは引き受けてもいいが、その呼び名は嫌だ、と。でも、おばさんって、そんなに、そこまで、嫌な言葉なんだったっけ？　私はどうも感覚が違うし、うちらの世代で止められるのでは？　と思って、この本を書きました。スーさんも「おばさん」を自称なさっていますよね。

スー　不適切であることを最初に明言しておきますが、おばさんという呼称を、私は**Nワード**（黒人に対する差別的な呼称）のように捉えているところがあるんですよね。やっぱりおばさんとは呼ばれたくない。侮蔑語として成り下がったものを自分たちのコミュニティに取り戻し、楽しく温かみのあるものとして醸造し直そうとはしているんですが、それをコミュニティの外と共有する気はないんです。当事者だけが使える用語でもいいかなと。

育　ヒップホップですね。私にとっては**「腐女子」**がそうだったな。あれは二〇〇〇年前後にネット上で生まれた蔑称なんですが、私は逆手に取って自称を始めた者どもの一人です。そんなネガティブな呼称はとっとと死語にすべきだと主張する人もいますけどね。「おばさん」が厄介なのは、「腐女子」と違って、もともとは大変ニュートラルな一般名詞である点です。

スー　おっしゃる通り。相手との関係次第ですよね。人間関係の関係値の近い人ほど慎重になって、こっちをおばさんとは呼ばない。逆におばさんと自称しているところにさっと乗ってくるのは、卑の定義をこっちが受け入れたと勘違いして、軽いノリでくる距離の遠い人たちだから、そこは正面から一撃でマットに沈める（笑）。

育　私は将来的に「無敵のおばさん」になりたくて、早々に「修業開始！」って気分で名乗りはじめた。そこらの子供に「どれどれ、おばちゃんに見せてごらん」なんて話しかけてます。「おばさん」という呼び名を取り戻すんだ、という気持ちで自称を続けていると、他称も怖くなくなってくるんですが、上の世代はまだまだ抵抗あるようです。

スー　すぐ上はレコンキスタマインドがない世代なのかな。再定義とか取り戻すという考え方自体が社会教育としてなかったのかもしれません。

育　そうか……。以前「あなたがおばさんを自称すると私まで老け込んだ気になるから、やめてくれ」と指摘されたときには、グサッときました。だって言ってきた先輩女性は、まさに私にとって「年齢を重ねると楽しいことが増えそうだな」と憧れていた相手だったから。実際はそうそう楽しいことばかりじゃない、この呼称がつらい過去を思い出させてしまうんだ、ということもあるでしょうね。どうにか拭っていけないんだろうか。私と同い年の男性が「おじさん」を自称しても、こんなふうには咎められないはずなんですよ。だとしたら、その非対称がスーさんの言う「卑の定義」の正体っぽいなぁと。そのオセロ、ネガティブからポジティブに、ひっくり返しておきたいんですよね。

スー　そこまでにはいくつか段階が必要だと思います。言葉の定義を変えるより、まずは若い人に、**おばさんになると楽しそう**と思わせるほうが先かと。自ら率先して楽しんでいる様子を見せて、羨ましがられると、だんだんおばさんという呼称の持つ印象が変わってくる。そうすると自称でも他称でもそんなに嫌じゃなくなるんじゃないかな。時間はかかりそうですけどね。あと、この本って本当におばさんがたくさん登場していて、まるでおばさんアベンジャーズみたいになっているじゃないですか。

育　我が強すぎて、一冊の中でおばさん同士が喧嘩しないか心配（笑）。

スー　こんなにおばさんがたくさん出てきて、ここまで深掘りしたものは今までなかったと思う。おばさんというものに対してあまり真剣に考えたことがなかった人も、さすがにこれほど例を出されたら、自分とのぼんやりとした共通項や、託されている役割とかに気づくはずだから、おばさんと自分の正しい距離の取り方、客観的な目線みたいなものは、これでわかるようになる気がします。

『OVER THE SUN』と傭兵たち

育　スーさんと堀井美香さん（TBSアナウンサー）のポッドキャスト番組『OVER THE SUN』、いつも楽しく聴いています。番組タイトルも最高だし、「オーバー！」「ご自愛ください」はじめ中年同士の頼もしい合言葉がどんどん醸造されるのも最高。配信開始された二〇二〇年十月、私はちょうどこの本の作業中で、「先を越された〜！　負けへんで！」とハンカチを噛みしめてました。きっかけは何だったんですか？

スー　番組の編成替えがあって、それまでやっていた金曜日の番組がなくなることになったんです。それで代わりにポッドキャストをやらせてほしい、という交換条件が通ったので始めました。金曜日は堀井さんと私で楽しい中年おばさんトークをしていたので、それを制限する枠のないところでやってみたいと。これは絶対聴いてくれるリスナーがいるだろうなと思っていました。女性がただダラダラしゃべるだけのラジオ番組ってあまりない気がしていて、そういう楽屋裏みたいな話がしたかったのかもしれません。始める前におばさんを自称したかったんですが、さっき言ったみたいに軽々しく乗っかってくる人がいると嫌だったので、それは排除する。けれど主張としては機能させたくて、『OVER THE SUN』で略したらおばさんだと、わかる人だけクスクス笑って聴いてくれればいいと思ってこの番組名になりました。

育　私は自分が老人になったらNHK『ラジオ深夜便』を楽しみに聴くものだと思っていたのですが、あの番組の穏やかな空気に行き着くまでが、相当長い。その「ひとつ前」として、もうちょっとだけガチャガチャおしゃべりできる、大人の遊び場が欲しいと思っていました。コンセプトというか、これはやるけどこれはやらない、といった取り決めはあるんですか？

スー　ないですね。実は放送作家も立ち会っていない。収録で堀井さんと私が一時間くらいしゃべって、行き過ぎだった場合はあとでディレクターが編集する。ディレクターは二十代の男の子なんですが、私たちはしゃべりたいことをガーッとしゃべるから、彼を炭鉱のカナリアにして、「ここはヤバい、放送できない」と判断したら切ってくれ、と頼んでいます。

育　なるほど。VIO脱毛の話や、美容整形するならどこがいいかとか、結構際どい話題をスーさんミカさんお二人でうまくドライブさせているので、何か最低限の命綱はあるのかと思っていたんですが、ないんだ（笑）。リスナーは中年の女性が多いと思いますが、読まれるお手紙は三十代以下の人のも採用するんでしょうか。

スー　中年の失恋がテーマのときは、四、五十代に絞りました。二十代なら失恋がきつくてもまだやり直しが利く。それは我々、**傭兵**として体感的に知っているので。番組はフランス傭兵の集いみたいな感じですもん（笑）。

育　お二人は、性格も違えば、歩んでいらした人生も違いますよね。それが大人になってからああやって楽しくおしゃべりできるって、希望の光です。四十まで生きてみると、中学校の教室では絶対に仲良くならなかったようなタイプと、意外と仲良くなれる。

スー　本当に。二十代のときだったら堀井さんとは友達になっていないと思うな。

育　世代は違えど、リスナーたちがその尊さを理解して祝福している感じがあるのもいいですよね。

スー　リスナーからのメールがすごく面白いんですよ。それから出版系の人も結構聴いてくれていて、めちゃくちゃ取材が多い。結果、私の番組『生活は踊る』（ＴＢＳラジオ）は知らないし、コラムも読んだことがない若い世代が、『ＯＶＥＲ　ＴＨＥ　ＳＵＮ』だけ聴いているという謎の現象が起きていて、今までとは異なる層にも届き始めている実感があります。四十七歳と四十八歳の女二人がしゃべっていて面白いと思われているなら、おばさんって面白くてカッコいいじゃんという方に、一歩踏み出せたんだなと。それは非常に嬉しいことですね。番組のハッシュタグで検索すると、「スーさんたちが楽しそうだから気が楽になる」と呟いてくれている人もいたし。

育　私はこの本の中で、「たった一人でもいい、魂の姪ッ子と呼べるような下世代とのシスターフッドが紡げたら、それで御の字」というようなことを書きました。竿で一本釣り、みたいなものです。対して『ＯＶＥＲ　ＴＨＥ　ＳＵＮ』は、地引き網的。間口を限りなく広くとって、そして、さらった全員ごっそり抱えて太陽の向こう側へ連れて行く感じ。ここでなら私も安心してポジティブに「おばさんビギナーです」「おばさん予備軍です」って名乗れるわ、と思える場所作りに成功している。そうしてリスナーが育っていくコミユニティというのが、本当に素晴らしいし、羨ましいです。願わくは、この本もそんな場所の一つになれればと思います。

おばさんのロールモデルとは

育　人類の寿命が延びて人生の中年期が長くなり、私たちはいつまでおばさんと呼ばれ続けるのか、という問題もあります。たとえばメリル・ストリープは「おばさん」の天井を上げ続けていますよね。彼女は今七十一歳ですが、まだ「おばあさん」ではない。一昔前なら四十代の俳優が演じていたような主演級の役を務め続けている。未踏領域を切り拓いていて見るたびにすごいなと思います。

スー　最近、おじいさんおばあさんのラブコメ映画やドラマも多いですもんね。

育　ロールモデルでいうと、**ビヨンセ様**は私よりも年下だけど、本書で定義した「おばさん」の貫禄がすでにあって、女子の帝国を築いて後進を指導されておられます。

スー　「おられる」って……（笑）。全世界の女性のために働くビヨンセ様ですな。

育　ここ数年のご活躍でもうタメ口きけなくなりました（笑）。あと、**山口百恵**ね。

スー　先日、引退コンサートがテレビで流れていました。

育　まさにそれを観ていたんです。彼女は引退当時二十一歳で、それより年齢を重ねた姿は、まったく人前に晒していない。でも、その若い姿が「ついていきたい」と感じさせる貫禄なんですよ。結婚で引退なんて今の時代には正直ピンと来ないですが、MCの一つ一つが「死」を覚悟した人間の臨終の言葉のように聞こえました。子供の頃にマドンナ姐さんに憧れていた気持ちとまったく同じように、実年齢に関係なく「私のおばさんになってください」と言いたくなるアイコンが、年下にだって、いるんだなと。

スー どう定義するかによって変わってきますよね。

育 スーさんは、あの人を目指していけば大丈夫、と思える灯台のような人はいますか？

スー 以前はバブル世代の人たちが目障りで、「楽しくしやがって」と思っていたんです（笑）。でもその人たちは未だに「まだ今日より明日のほうがいい日になるに決まっている」みたいなことを言うんですよ。この年になるとそれが、なんて明るい松明《たいまつ》なんだろうと感じられる。野宮真貴さんや甘糟りり子さんと仲良くしてもらっていますが、二人ともすごく楽しそうで、頼りにしています。

育 若い頃からずっとよく知っている身近な女性でも、改めて観察すると「とても素敵な年齢の重ね方をしているな」「大物になっても老害っぽさがない」「こういうところを真似したいな」と気づいたりしますね。

手入れとルッキズム

スー 今って、二十代も五十代もユニクロみたいな同じブランドの服を着るじゃないですか。まったく同じスタイリングをすると、一番望んでいないおばさん感みたいなものが出てしまいがちになるんですよね。それは結構きつい話で、昔みたいに五十過ぎたらこれ、みたいな型が決まっていればよかったんですが。老いとまではいかなくても、背中の肉のたるみとかブラジャーの脇の盛り上がりとか、ファッションと中年の体の問題はすごくハードコアになってきています。

育 赤い口紅は昔より似合うが、無地ベージュのトップスを一枚で着こなせるか!?

スー　もはや無理ですよね。五十代の女性が「年をとるときれいな色の服がたくさん着られるようになって楽しい」と言っているのは真実だと思うけれど、ハリがあって艶めくような肌で、とろみのあるベージュを着こなすことはもうできないのは確かなのかなと。

育　スーさん、そこで**着物**ですよ。小物を替えながら幾つになっても着続けられるファッション。でも、それは私が手を出した表の理由。裏の理由は、どの洋服売場で、どんな値段の、何を買えばいいのかわからなくなったことです。着物ならコンサバとカジュアルも混ぜやすいし、体型も隠せるし、流行より偏愛を貫けるし、高級に見える古着がうんと安く買えたりする。でもやっぱり一抹の敗北感があって、人はこうやって中年期に着物にはまっていくのかと。

スー　ついに来た（笑）。

育　先行くサブカル姐さんたちが丁寧に踏みしだいてくれていた、キモノ道、これか！とその軍門に下りました（笑）。本当は堀井さんが以前『OVER　THE　SUN』で話されていたように、ずっと**ジョブズスタイル**（故スティーブ・ジョブズは毎日同じタートルネックトップスとデニムで通していた）が理想なんですが、自分のジョブズスタイルがなかなか見つからない、まだ迷子。

スー　見た目の話で言うと、インスタグラムとかで、自分の写っている写真にフィルターをかけて小顔に見えるとやっぱり誘惑が出ますよね。二〇一三年に最初の本を出すのにポートレートを撮影したとき、写真チェックで太っているだとか変な顔だとか、ワーワー言っていた。でも最近はごく普通に「うん、もう老けてるな」って。老けて見えるというか、老けている。老いてはいないが老けてはいるということ。

育　感想が別のところにいく（笑）。また最近のレタッチ技術が高すぎるから、未加工の自分に驚いてしまう。

スー　びっくりしますよね（笑）。中年になると、手入れをする人としない人の差がものすごく出てきます。我々は**「手入れ」**という新しいフェイズに足を踏み入れたんですよ。ケアとかビューティー的によく見せるとかじゃなくて、手入れ。手入れとルッキズムが全く別の地平にあるとは言いませんけど、でもルッキズムに反対していますと言いつつ、手入れを怠る口実にするのはどうかと思う。それはまた違う話。

育　たとえばプロの料理研究家が「愛用の台所用具」なんて紹介しているのがよく使い込んだまな板で、ちょっと全体がくすんだ色になって生活の歴史が見えると、すごく素敵だわ、となるけれど。雑に扱っている我が家のまな板の黒ずみはそうは見えない。手入れをしないと。思想としてのすっぴんを貫いている人も、すっぴんで素敵に見せたいなら、手入れは必要なんですよね。

スー　大好きなスタイリストの大草直子さんは、私よりひとつ上の四十八歳なんですが、贅肉のないスレンダーな体でいらっしゃって、かつ、しみもシワもちゃんとある。その感じがまたすごく素敵なんです。なんというか、全体が滞留していない。流れている感じがする。おばさんって滞留するでしょ。

育　老廃物がなかなか出ていかない。全身が淀んでいる感じ。十代の頃と顔の造作自体はそんなに変わってないのに。

スー　**「我は、滞り」**（笑）。むくんだり淀んだり。若い頃は何もしなくても滞らなかったけれど、そこに手を加えていくこと自体までは否定したくないかな。

育　私はモテとか、外側からイケてる判定を受けられるか以上に、今、自分自身が見せたい通りの自分でいるかどうかが気になるようになって。白髪が増えるのは当然だし、それで幻滅する奴なんかこっちから願い下げだけど、でも自分で狙った通りのグレイヘアになれるか？　だらしなく見えないか？　は気にしておきたい。皆さん、ここをどうやって工夫してしのいでいるか、いろいろな人の知恵を聞きたい。

スー　今までの人生で、たとえば生理の前に機嫌が悪くなるとか、食欲が止まらないとか、ホルモンバランスが崩れて精神が荒らされた経験はあまりなかったんですが、最近、これは完全にホルモンの影響だろうという気分の落ち込みがあって、すごく**乙女**じゃないかと気づいてめちゃくちゃ楽しい（笑）。

育　おお、そこ、楽しいんですね。己がエモい（笑）。

スー　そう、それ。己がエモい。

育　なるほど、メンタル面なら文字通り「気の持ちよう」で変えられます。スーさんは以前「加齢を実感するって、ウケる」ともおっしゃってましたね。私は最近、昔はわからなかった「気圧で不調になる」の意味がわかってきました。

スー　来たぞ、不定愁訴（笑）。

育　異様にだるい雨の日に、「お？　今日は下がってる日じゃない？」と気圧予報アプリを起動すると、「ほら、気圧〜！」と答え合わせができて楽しい（笑）。若い頃より環境に左右されやすくなったけど、原因がわかれば怖くないし、「もう今日は休もう！」とも思える。更年期障害もこのテンションで迎えたいですが。スーさんは、エモい日はどう過ごすんですか？

スー　泣いたり映画を観たりします。これまで訳もなく泣くことや、理由がない落ち込みなんて全然なかったんですよ。すごく理屈っぽいから全部に理由があるし、全てがピタゴラスイッチみたいにロジカルだったのに。これはもしかして、と思って。よくムーディーで気まぐれで厄介だけど魅力的という、男の子を振り回す女の子として描かれるステレオタイプがあるじゃないですか。ああいうの全くもって他人事で「何だ、あの対岸の火事は？」と思っていたんですが、ここにきて、来ましたムーディー。すごく楽しい。

下の世代から学びたいこと

育　ここ二十年くらいで起きた良い変化は、**女性たちが一緒に怒れる**ようになったことだと思います。もうみんな、黙らないですよね。私は母親がウーマンリブに感化された世代で、思春期を女子校で過ごし、幼い頃からだいぶ意識高めの婦人教育を受けてきたはずです。でも、だからこそ、ちょっと痛覚の鈍いところがある。すべての問題は昭和とともに片付いて、自分が大人になる頃にはすっかり解決していると信じていたんですよね。

スー　男女平等になっていると。

育　そうそう。古《いにしえ》のフェミニストの皆さん、死ぬ気で闘争してくれてありがとう、おかげで我々世代はもう男と対等に平和にやっていけそうです、と。でも、いや、待てよと。私自身がたまたま環境に恵まれて、大学を出て男と同額稼げてたってだけで、広い社会全体を見渡すと全然そんな時代は来ていない。今年二月、東京五輪の大会組織委員会会長だった森喜朗氏が「女性がたくさん入っている理事会の会議は時間がかかる」と言いました。典型的なミソジニー発言。彼は二〇〇三年にも「子供をつくらない女性を税金で面倒みるのはおかしい」と発言しています。自民党政権がずっと続けている「産まないおばさん」を生産性で差別する物言いですね。今回は国内外で猛反発を受けて辞任して、後任は橋本聖子氏になりましたが、本当はこんなもの、二十年前に当時二十代の私たちが潰しておくべきだったんじゃないか？　とも思ったんですよ。だから、遅くなってごめん、全部燻《いぶ》り出そうよと。

スー　とは言え、一気にゴールまで突き進むのも難しいですよね。先日「AERA」のコラムにも書いたんですが、首だけ替わっても首から下が女の言うことを聞く気がない人たちだったら、結局邪魔されたり意地悪されたりして、最終的に「ほら、やっぱり女じゃ駄目だった」ってバックラッシュが絶対あるから。私たちはそれを散々見てきているじゃないですか。そう考えると今回はとりあえず、「こんなにたくさん虫がいたんだ」というのがわかるところまででよし、というか、そこを成功ラインにしたい。

育　そうですね、昔の自分に「これ、おまえが考えているより長期戦だぞ」と教えたい。「一網打尽は無理そう、きっと何度でも同じようなセクシストが新しく湧いて出るぞ」と。でも、たとえば「働く女VS専業主婦」みたいな構図については、男性ですら「いや、実在しないでしょ」とツッコミを入れるようになった。そんなふうに少しずつ変化して、どこに病巣があったのかがようやくわかるようになってきた時期なのかな。

スー　自分が中年になって良かったと思うのは、攻撃力が増したこと。相手を個人攻撃するという意味ではなく、人としての兵力というか**戦闘能力**が増したと思う。それは戦わないということも含めてなんですが。たぶん我々は怒るのが下手なんでしょうね。

育　私はその怒り方を、下の世代に学びたい気持ちがあるんです。自分と同世代の友達が、有害な男性性をそのまま内面化したようなマッチョで保守的な中年女性になっていく例も見るようになりました。それも生存戦略というか、まぁ出世は早いですよね。もし男社会でエリートコースを進んだら自分もこうなったかもしれない、と思うと、「アンタ、それは駄目でしょ」と強くは言えなかった。でも今アメリカで二十歳くらいの女の子たちと接していると、フェミニズムも世代交代しているのが実感できるんですよ。明らかに今の二十代、三十代のほうが、私より怒り方がうまい。抗議活動するにも起動が早いし、敵だった相手を味方に転じさせる説得力もある。今後はそっちに学んでいこうと。

スー　私ができるとしたら、彼女たちがここに来たときに居心地を良くしておくことかな。つまり、今自分のいるところの地固めをすればいいんじゃないかと思っています。

育　しかし、地固めは地固めで難しくもある。昔、職場の後輩がセクハラ被害を受けたことがあって。「前任のあなたも同じ相手から同じような目に遭ったんでしょう、なぜ引き継ぐ前に報告しなかったの?」と訊かれて、「うまくかわせていたので平気だと思ってました……」と答えながら、猛反省したことがあります。その場で怒って上司に直訴した後輩のほうが圧倒的に正しいわけです。彼女たちを「笑顔であしらうのが大人よ」なんて間違った考え方には引き込みたくない。私が踏み固めてるこの道、合ってる?　と訊いて確認したいのは、上世代よりも下世代という気がします。

スー　我々に教えてほしいということですね。

育　そう。学ぶべきことは下に学ぶ。弟妹や後輩の次は、甥ッ子や姪ッ子、友達の産んだ子とか、全世代に満遍なくあれこれ教えを請える人が欲しい。その上でこっちが返せることがあるとしたら、年をとるのはそんなに怖いことじゃないよと、先へ先へと進んでいる背中を見せることでしょうか。あとは、自分と同じような道を辿って迷子になりかけてる若い子には、こっち出ると視界が開けるよ、くらいは教えてあげられる。

スー それでいいと思う。

育 最近知ったアフリカのことわざで、**「早く行きたければ一人で行け。遠くまで行きたければみんなで行け」**というのがあって。たしかに自分も四十前までは一人で早く行くことばかりを考えていましたが、『OVER THE SUN』然り、「一人では行けない地平まで、みんなで行く」というのが、やっとわかるようになったんです。上の世代も下の世代も一緒に。とはいえ、これまでずっとソロ活動を気取ってたのが、急に群れようとし始める中年なんて、我ながらウザい（笑）。そこは自覚しつつ、己を戒めながら、人とのつながりを大事にしていこうと改めて思っています。

スー チーム戦ですね。

育 もうここから先は、さらに遠くまで行くには誰かの力を借りないといけないんだ、と。中年になって、このことわざにすんなり耳を貸せるようになりました。

二〇二〇年代のおばさんの、これから

スー この先、個人的には**エロいおばさん**になりたいなと思っていて。昔は色気づいたおばさんって気持ち悪いと思っていたけれど、自分がこっち側に来たら余裕で宗旨変えですよ（笑）。ハラスメントではなく、自分の欲望に忠実になるということ。本当の意味での図々しさを備えていきたい。恋愛でギャーギャー騒ぐのもそうだけど、この年齢でやるのははしたないといわれていたことをちゃんとやりたい。

育　スーさんが先日 Twitter で、「堀井さんっておばちゃんだと思っていたら美人だった」と呟いているリスナーに対して、「おばちゃんと美人は同時に成立するんだよ覚えといて」と切り返していたの、励まされました。ここ、テストに出ますよ！　バリバリ仕事しながら毎日エロいことしか考えてないおばさんもいれば、元傭兵で武道有段者かつ乙女ちっくなおばさんもいるし、美人でお菓子めちゃくちゃ食べるおばさんとか、乳飲み子抱えて国家元首やってるおばさんもいる、みたいな……。長い人生、あちこちつまみ食いしてきてるんだから、中年女の多面的な多様性は広がりこそすれ狭まることはない！

スー　それが本当の熟女ですよね。恥じらいのエロとか、年齢を重ねたからこその何かとか、他者が定義したものではなく、普通に性欲ありますというような話ができたらいいなと。私に役目があるとしたら、そういう発言をしてまずはギョッとさせることかな。そこから先は次の世代が考えてほしい。

育　スーさんのお話を聞いて、もっと「攻めの力」が欲しいなと思いました。下の世代に怒り方を学び、自分たちの世代も攻撃力を備える。さっきの気圧の話じゃないですけど、私は三十代のとき「これ以上やると自分のブレーカーが落ちるな」という限界が見えるようになって、そこで凹《へこ》まないように心身をガードする術《すべ》を覚え、防御力はグンと上がりました。でも、防御だけでは兵力としては不十分。

スー　中年とはいえ人間だから単純に傷つくし、へこたれもするけれど、若い頃よりその状態の御し方がうまくなって、落ち込んでも立ち直れる。それと図々しくなったから、どう思われるかみたいなことをあまり考えなくなったと思います。私は非常に運が良くて、世「この人の言葉に耳を傾けよう」としてくれる人がいる。ならば私利私欲じゃなくて、世の中の女性の役に立つことを、あっけらかんと出していこうと。傭兵として敵の首を取り自分の命を守り、いくつもの戦場を経験してきたので、自負はあります。そういう意味で老獪《ろうかい》とまでは言いませんが戦う力は随分強くなったし、私は今の自分の小賢しさが好きですね。

育　ストリートワイズね。**ストリートの知恵**みたいな感じで。この先へ進むのに、無駄な弾を使わずにビシッと一撃で仕留めていく攻撃力はマスト。

スー　今四十代ですもんね、これからですよ。私は、こうあるべきという女性像からだいぶ離れられるようになりました。まだまだ自分を苦しめますが、その中でふてぶてしさを伸ばしたり、兵力を増強したり。あとふざけ力ももっと強くしたい。「この歳になってまだこんなことやっているの？」というような声なんて気にしないで。

育　四十代以降に芽生えた新しい感情といえば、スーさんはこの新型コロナウイルス禍に、生まれて初めて**「推し」**を発見したそうで。じつは私も、今の最推しミュージカル俳優と出会ったのは約十年前、3・11のクライシス直後でした。恋人や配偶者と同じで、無理してまで作るものじゃないけど、でも「心の支柱」が一つ増えるだけでも、また人生の建て付けが変わって面白いですよね。

スー　始めたばかりだからなのか、私の推し活は、人権蹂躙《じゅうりん》の疑似恋愛みたいなことになっていて（笑）、素材が用意された疑似恋愛ってこんなに楽しいのかと。推しのいるジャンルに全然詳しくないし、SNSとかあまりやらない人なので、推しが何を楽しそうにやっているのかを解析するのが楽しいんですよ。知り合いの先輩も今K－POPグループを推していて、お互いの推しのことはわからないのに、同じテンションで話せるのがすごく楽しい。人生ってまだまだこんな味わい方があったんだと。

育　わかる。互いの推しをプレゼンしながら「我々にとって推しとは何か?」を語っていると、研究発表みたいになる。少女時代の恋バナともまた違うんですよね。

スー　毎日忙しくて。今までこんなことなかなかなかったから自分でも驚いています。やることが無限にあって本当に楽しいんです。

育　未来について考えると、明るい悩みばかりではないけれど、でもここに関しては「あのおばさんたち、やけに楽しそうだな」と羨ましがられる自信、あります(笑)。どんどん新しい扉、開いていきましょう!

対談収録　二〇二一年二月十九日

構成　綿貫あかね

おわりに

私が最初に「おばさん」を意識したきっかけは、二〇〇〇年に刊行された沼田元氣『ぼくの伯父さんの東京案内』だった。三十代後半から「伯父」を自称しはじめた著者が、語り手の「甥」の目線を借りながら自身を客体視して綴ったエッセイだ。少年少女に対して、血の繋がった親でも口うるさい教師でもない年長者として接する存在。この伯父のおかげで私は「おじさん」「おばさん」という言葉にネガティブな印象が一切ない。誰かの「親」となる未来がどうしても想像できなかった二十歳の私は、この本をきっかけに野溝七生子『ヌマ叔母さん』を手に取ることになった。

二つ目は、二〇〇〇年代に全国各地で上映された、小沢健二とエリザベス・コールによる『おばさんたちが案内する未来の世界』。中南米の国々を巡りながら社会問題を考察する映像に、音楽の生演奏と語りのパフォーマンスを組み合わせた作品だった。英語を母語とするエリザベスは、スペイン語圏で出会った女性たちを日本語の「Obasan」という言葉で包み、加速するグローバリゼーションへのブレーキ役と位置づけた。おばさんの社会的役割について考えるようになったのは、この作品を観賞した二十代後半頃からだ。

三つ目はメールマガジン「The Ledger」二〇一八年八月号の「年を重ねるということ」。それは次世代にインスピレーションを与えるということ」というタイトルだった。思い返せば、「年齢を重ねるにつれ世界はもっと豊かに広がっていく」と教えてくれる先達に、救われながら生きてきた。カッコいいおばさんも、ああなりたいと憧れるおばさんも、探せば確かに存在している。では自分自身はどうか？　自分より年若い誰かの行く手を塞いではいなかっただろうか？　誰かをインスパイアする側に回れるだろうか。

あれも欲しい、これも足りない、と飢え渇いていた少女の頃は、まさか自分が「下世代の女性たちに少しでも明るい未来があるよう、できることをしたい」と口にする中年になるとは思っていなかった。しかし今は、他者への嫉妬心やライバル意識、自分が獲得したものの分配を惜しむような気持ちが、徐々に薄れているのを感じる。「おばさんになるのは嫌だ」と怯えている若い女の子が、少しでも減るといい。次は自分が彼女たちに声をかける番なのだろう。アメちゃん、いるか？

死ぬ前に振り返ったらちょっとびっくりするはずの膨大な時間を、私は、私たちは「おばさん」として生きる。その時間を共に歩む、すべての人たちに祝福を。そして、本書の企画段階から相談に乗ってくださった「すばる」編集部の川﨑千恵子さん、素晴らしい本にまとめてくださった単行本担当の谷口愛さん、装幀の鈴木千佳子さん、巻末対談に参加してくださったジェーン・スーさんに、心からの感謝を。

岡田育

二〇二一年春

引用資料

第一部

P.13 「スターダストボーイズ」（テレビアニメ『宇宙船サジタリウス』オープニング曲、作詞阿久悠、一九八六年放送開始）

P.18 「「さよなら、おっさん。」に込めた思い」（「NewsPicks」、https://newspicks.com/news/3125520/ 二〇一八年六月二十六日更新）

P.25 チョ・ナムジュ『82年生まれ、キム・ジヨン』（斎藤真理子訳、筑摩書房、二〇一八年）

P.30 松任谷由実「シンデレラ・エクスプレス」（作詞作曲松任谷由実、アルバム『DA・DI・DA』所収、一九八五年）

P.30 「シンデレラなんかになりたくない」（テレビアニメ『チンプイ』エンディング曲、作詞岩室先子、一九八九年放送開始）

P.31 藤子・F・不二雄『チンプイ』（小学館てんとう虫コミックス、二〇一七年〜一八年）

P.33 『マレフィセント』（ロバート・ストロンバーグ監督、二〇一四年日本公開）

P.37 『ビギナーズ・クラシックス日本の古典　更級日記』（川村裕子編、角川ソフィア文庫、二〇〇七年）

第二部

P.47 長谷部千彩「ボニー・パーカーの昼寝」（「memorandom.tokyo」、https://www.memorandom.tokyo/hasebe-chisai/178.html　二〇一四年十二月十五日更新）

P.51 野溝七生子「ヌマ叔母さん」「在天の鳰子に」「沙子死す」「緑年」（『暖炉　野溝七生子短篇全集』所収、展望社、二〇〇二年）

P.57 矢川澄子『野溝七生子というひと　散けし団欒』（晶文社、一九九〇年）

P.58 ヴァージニア・ウルフ『自分ひとりの部屋』（片山亜紀訳、平凡社ライブラリー、二〇一五年）

P.59 「「子ども最低3人産んで」桜田前五輪相、少子化巡り」（共同通信、https://www.47news.jp/3617929.html 二〇一九年五月三十日付）
P.60 「「必ず3人以上の子を」自民 加藤氏 発言を謝罪」（「ＮＨＫ政治マガジン」、https://www.nhk.or.jp/politics/articles/statement/4334.html 二〇一八年五月十日付）
P.60 「働く女性の声を受け「無職の専業主婦」の年金半額案も検討される」（「週刊ポスト」二〇一九年五月三・十日号、「マネーポストＷＥＢ」、https://www.moneypost.jp/531848）
P.61 「「主婦の年金半減」の真偽 「無職の専業主婦」に反感 ＳＮＳで議論沸騰」（毎日新聞デジタル「ネットウオッチ」、https://mainichi.jp/articles/20190508/k00/00m/040/005000c 二〇一九年五月八日付）
P.66 『五線譜のラブレター』（アーウィン・ウィンクラー監督、二〇〇四年日本公開）
P.69 ルイーザ・メイ・オルコット『若草物語』『続 若草物語』（吉田勝江訳、角川文庫、各一九八六年・八七年）
P.73 『ストーリー・オブ・マイライフ／わたしの若草物語』（グレタ・ガーウィグ監督、二〇二〇年日本公開）
P.74 吉本ばなな『哀しい予感』（角川文庫、一九九一年）
P.78 ピチカート・ファイヴ「メッセージ・ソング」（作詞作曲小西康陽、一九九六年）
P.85 川上未映子『夏物語』（文藝春秋、二〇一九年）
P.92 ヤマシタトモコ『違国日記』（祥伝社フィールコミックスFCswing、二〇一七年～）
P.95 ヤマシタトモコ『ＨＥＲ』（祥伝社フィールコミックス、二〇一〇年）

第三部

P.102 ヤマザキマリ『世界の果てでも漫画描き（1） キューバ編』（集英社、二〇一〇年）
P.103 兼高かおる『わたくしが旅から学んだこと 80過ぎても「世界の旅」は継続中ですのよ！』（小学館、二〇一〇年）
P.104 対談「旅は地球とのランデヴー」（「すばる」二〇一六年五月号所収、集英社）
P.104 美川憲一「さそり座の女」（作詞斉藤律子、一九七二年）
P.107 酒井順子『負け犬の遠吠え』（講談社文庫、二〇〇六年）
P.112 『プロフェッショナル 仕事の流儀 黒柳徹子との10日間』（ＮＨＫ、二〇二〇年九月二十二日放送）

P.113 阿佐ヶ谷姉妹『阿佐ヶ谷姉妹ののほほんふたり暮らし』（幻冬舎文庫、二〇二〇年）
P.115 アリソン・ベクダル『ファン・ホーム　ある家族の悲喜劇』（椎名ゆかり訳、小学館集英社プロダクション、二〇一七年）
P.116 「Ring Of Keys」（ミュージカル『Fun Home』劇中歌、作詞リサ・クロン、二〇一五年ブロードウェイ初演）
P.119 萩尾望都「はるかな国の花や小鳥」（『ポーの一族』、小学館フラワーコミックス第五巻所収、一九七六年）
P.121 萩尾望都「リデル・森の中」（『ポーの一族』、小学館フラワーコミックス第四巻所収、一九七六年）
P.122 萩尾望都「グレンスミスの日記」（『ポーの一族』、小学館フラワーコミックス第一巻所収、一九七四年）
P.123 萩尾望都『ポーの一族　春の夢』（小学館フラワーコミックススペシャル、二〇一七年）
P.126 丹羽晴美「マイ・グランドマザーズ　共鳴する記憶」（やなぎみわ『マイ・グランドマザーズ』所収、淡交社、二〇〇九年）
P.128 レイ・ブラッドベリ『ベスト版　たんぽぽのお酒』（北山克彦訳、晶文社、一九九七年）
P.131 森高千里「私がオバさんになっても」（作詞森高千里、アルバム『ROCK ALIVE』所収、一九九二年）
P.135 『サンセット大通り』（ビリー・ワイルダー監督、一九五一年日本公開）
P.137 ふちがみとふなと「池田さん」（作詞渕上純子、アルバム『フナトベーカリー』所収、二〇〇八年）
P.139 井上陽水「小春おばさん」（作詞作曲井上陽水、アルバム『氷の世界』所収、一九七三年）
P.143 田辺聖子「恋の棺」（『ジョゼと虎と魚たち』所収、角川文庫、一九八七年）
P.147 村上春樹「貧乏な叔母さんの話」（『めくらやなぎと眠る女』所収、新潮社、二〇〇九年）
P.148 松田青子「みがきをかける」（『おばちゃんたちのいるところ　――Where The Wild Ladies Are』所収、中公文庫、二〇一九年）
P.152 『トッツィー』（シドニー・ポラック監督、一九八三年日本公開）

第四部

P.160 ヴェルマ・ウォーリス『ふたりの老女』（亀井よし子訳、草思社文庫、二〇一四年）
P.163 ヘロドトス『歴史（上）』（松平千秋訳、岩波文庫、一九七一年）

P.164 大塚ひかり『昔話はなぜ、お爺さんとお婆さんが主役なのか』(草思社、二〇一五年)
P.166 佐藤友哉『デンデラ』(新潮文庫、二〇一一年)
P.167 『マッドマックス 怒りのデス・ロード』(ジョージ・ミラー監督、二〇一五年日本公開)
P.169 近藤ようこ『ルームメイツ』(小学館ビッグコミックス、一九九二年〜九七年)
P.175 小川洋子『口笛の上手な白雪姫』(幻冬舎文庫、二〇二〇年)
P.181 川本静子『ガヴァネス　ヴィクトリア時代の〈余った女〉たち』(みすず書房、二〇〇七年)
P.184 ロアルド・ダール『マチルダは小さな大天才』(宮下嶺夫訳、評論社、二〇〇五年)

第五部

P.198 米原万里『オリガ・モリソヴナの反語法』(集英社文庫、二〇〇五年)
P.203 津島佑子『あまりに野蛮な(上・下)』(講談社文芸文庫、二〇一六年)
P.221 アリ・セス・コーエン『Advanced Style ――ニューヨークで見つけた上級者のおしゃれスナップ』(岡野ひろか訳、大和書房、二〇一三年)

特別対談

P.225 田中ひかる『「オバサン」はなぜ嫌われるか』(集英社新書、二〇一一年)
P.226 酒井順子『おばさん未満』(集英社文庫、二〇一一年)
P.236 「「女性がたくさん入っている会議は時間かかる」森喜朗氏」(朝日新聞デジタル、https://www.asahi.com/articles/ASP235VY8P23UTQP011.html 二〇二一年二月三日付)

おわりに

P.244 Aesop ニュースレター「The Ledger」二〇一八年八月号

初出
「すばる」
二〇一九年七月号〜二〇二〇年五月号
単行本化にあたり、
大幅に加筆・修正を行いました。

装丁
鈴木千佳子

岡田育

おかだ・いく

一九八〇年東京都生まれ。編集者を経て、
二〇一二年より本格的にエッセイの執筆を始める。
テレビやラジオのコメンテーターとしても活躍。
著書に『ハジの多い人生』（文春文庫）、
『40歳までにコレをやめる』（サンマーク出版）、
『女の節目は両A面』（TAC出版）、
二村ヒトシ・金田淳子との共著
『オトコのカラダはキモチいい』（角川文庫）など。
二〇一五年よりニューヨーク在住。

我《われ》は、おばさん

二〇二一年六月一〇日　第一刷発行

著　者　岡田《おかだ》 育《いく》
発行者　徳永 真
発行所　株式会社集英社
〒一〇一―八〇五〇
東京都千代田区一ツ橋二―五―一〇
電　話
〇三―三二三〇―六一〇〇（編集部）
〇三―三二三〇―六〇八〇（読者係）
〇三―三二三〇―六三九三（販売部）書店専用
印刷所　大日本印刷株式会社
製本所　株式会社ブックアート
定価はカバーに表示してあります。

ISBN978-4-08-771747-1 C0095

「すばる」から生まれた本

霧の彼方　須賀敦子

若松英輔

生涯にわたり信仰と文学の「コトバ」に共振し、稀有な作品を遺した須賀敦子。没後22年たっても読者を惹きつけてやまない作家の、魅力の源泉とは。詩人、小説家、思想家、聖人、愛する人たち。さまざまな出会いによって導かれた、魂の旅を描く本格評伝。

コンジュジ

木崎みつ子

二度も手首を切った父、我が子の誕生日に家を出た母。小学生のせれなは、独り、過酷な現実を生きている。絶望のなか、彼女の人生に舞い降りたのは、伝説のロックスター・リアン。彼の存在が、生きる理由のすべてとなって……。第164回芥川賞候補作。

「すばる」から生まれた本

十年後の恋

辻仁成

パリで暮らすシングルマザーのマリエ。小さな投資グループを主宰するアンリ。2019年にはじまる、ふたりの運命的な出会いの行方とは——。パリ在住の著者が、新型コロナウイルスに翻弄される新しい世界の「永遠の恋心」を描く、大人の恋愛小説。

泡

松家仁之

高校2年で学校に行けなくなった薫は、夏のあいだ、大叔父・兼定のもとで過ごすことに。ジャズ喫茶を手伝い、言い知れぬ過去を持つ大人たちと過ごすうち、薫は何かを摑みはじめる——。思春期のままならない心と体を鮮やかに描きだす、最初で最後の青春小説。